简单易懂 de 基金理财书

信诚基金管理有限公司 编著

上海财经大学出版社

图书在版编目(CIP)数据

简单易懂的基金理财书/信诚基金管理有限公司编著.—上海:上海财经大学出版社,2014.1
ISBN 978-7-5642-1766-2/F·1766

Ⅰ.①简… Ⅱ.①信… Ⅲ.①基金-投资-基本知识 Ⅳ.①F830.59

中国版本图书馆 CIP 数据核字(2013)第 244991 号

□ 责任编辑 刘 兵
□ 封面设计 上海蓝道广告
□ 版式设计 张克瑶
□ 责任校对 王从远

JIANDANYIDONG DE JIJIN LICAISHU
简 单 易 懂 的 基 金 理 财 书

信诚基金管理有限公司 编著

上海财经大学出版社出版发行
(上海市武东路 321 号乙 邮编 200434)
网   址:http://www.sufep.com
电子邮箱:webmaster @ sufep.com
全国新华书店经销
上海华教印务有限公司印刷
上海春秋印刷厂装订
2014 年 1 月第 1 版 2014 年 1 月第 2 次印刷

710mm×960mm 1/16 18.5 印张(插页:1) 207 千字
印数:3 001—5000 定价:35.00 元

理财应是幸福的

理财，本是一份很枯燥的活儿。

在收获的道路上得依靠自我的坚定策略和专家的警示格言来唤醒方向，一本书、一场电影、一则寓言、一段话……无论如何，我们都感激着最初的提示，那份温暖渐渐地让我们变成了在行人。

理财，本该是件很幸福的事儿。

我们之所以进行投资理财，是因为想依靠投资理财获得更多财富，让自己及亲朋过上更加美好的幸福生活。基金作为一种大众化的"专家理财，分散风险"的投资理财产品获得众多投资者的青睐，也源于这种对幸福的追求。遗憾的是，很多人持有基金后总是患得患失、渴望速赢、频繁交易最后得不偿失，结果反而与幸福渐行渐远。

市场是最好的也是残酷的老师。它告诉我们"幸福"不仅仅意味着"赚钱"，单纯的财富多寡的追逐并不会为你带来持久的幸福快乐，正确的理财态度和方式，才与你的幸福感息息相关。

而正确的理财态度和方式，就隐藏在我们生活的点点滴滴、方方面面。每个人的微生活中，其实都能找到理财的大思想。就如本书的内容一样，我们试图用这些平实中蕴育着哲理的小故事或者生活中的小事，延伸出一些理财的碎片知识，给您的投资生活增添一份轻松和惬意。

基金理财应定位于长线，追求的是长期持续的稳健投资回报。所以首先就不该对投资报酬率抱有太高太不切实际的奢望。动不动就要求获取翻番超额收益的投资者,是很难有幸福感稳定相随的——市场的暴涨暴跌会让他们的心态很快失衡。摆脱市场震荡波动对幸福感影响的一大方法,就是尽可能拉长自己的投资理财周期。有调查证明,投资期间多在半年以下、很少达到3年以上的短线投资者,大多数都自我感觉不幸福;而把投资期限拉长到3~5年乃至5年以上的长期投资者,幸福感都比较明显和强烈。

其实,自成立之初,信诚基金就坚持"诚则立、信则达"的经营理念,满载诚信,全力以"富",为个人及机构投资者提供符合需要的金融产品和高水平的投资理财服务。在信诚基金,我们希望客户坚信,选择信诚基金是一个正确的决定,并由此感到安心和满意。信诚基金长期以来一直所倡导的"开心投资主义"理念,与监管层所提倡的长期价值投资理念,从本质上不谋而合。信诚基金不以短期形象取悦投资者。在投资上,我们要求公司投研部门不要去为短期业绩推波助澜;在服务上我们将诚实、正直、关怀、尊重和专业作为我们的服务承诺,不违背投资者的适应性原则,通过给予客户长期和积极的投资体验,赢得客户的忠诚和信任,伴随我们一起成长,并让更多的人携手信诚基金。归根结底,信诚基金的最终投资目标,就是让投资者的人生及家庭更为幸福。

这几年关于基金投资指南的书也很多,有的是基金公司主持编纂的,有的是券商分析师写的,也有不少是媒体记者写的。这些书多数还是将基金基础知识的普及放在了第一位。这次,我们把过去散落在各大媒体报端的一些理财小短文,汇集成册,就是想传播这种简单易懂的基金理财观:幸福的投资者,其实就是做个怀抱从简入奢、淡定持久的理念并且找到一路专业携助的人。

基金投资已经成为公认的省力省心的投资方法,但实际情况还是需要我们有正确的方式和态度。希望这本书可以成为投资者进行基金理财的一个助手,不被各种外界的杂音所干扰,始终走向正确的投资方向。

当心境成海、意念成山时,祝愿你因基金理财而幸福着。

林　军

信诚基金管理有限公司副总经理

复旦大学心理学博士生

2013 年 12 月于上海

contents

② 寓言明喻的基金理财

③ 经验警世的基金理财

④ 基金理财开心预备

5 基金理财的实战技巧

⑥ 大话货币型基金

⑦ 玩转分级基金

8 QDII 基金，别样的风采

⑨ 基金定投的"奥妙"

1 无处不在的基金理财

打车背后的止损逻辑

日常生活中,我们在上下班高峰时期扬召出租车常常会遇到这样的事情:当等待的时间超过 10 分钟后,你会开始烦躁不安,但通常你还会继续等下去。而当等到超过 20 分钟还没有打到车时,你除了抱怨以外,也会开始感到"后悔"——你应该选择步行 15 分钟去地铁站坐地铁的。不过,一般来说,你还会继续等下去,因为你已"投资了那么多的时间",不甘心现在再放弃,结果就越陷越深,无法自拔,运气不佳的话,也许直到半小时甚至 1 小时后才打到车。

等车人的问题,就在于他无法放弃原来已经坚持的时间。这种态度,正是典型的投资人无法认赔卖出的情况:他不断期望自己的投资标的能恢复原价。并不是每一个人都早已预先设置了止损点(到了某一个时间点,应该理智地选择步行换地铁)。

在投资上也是如此。现在很多投资者在做出某项投资行为时,往往最先想到的是能赚多少,而不是能亏多少。事实上,每一笔交易必须设立一个止损线,"止损线可能就是你的生命线"。

我们没有止损而丢失的金钱,统计起来,一定会是一个大数目,我们必须要学会如何输钱,这比学会如何赢钱更为重要。事实上,即使你只对了一半,你也应该赢。关键在于每次搞错的时候,要将损失减到最少。

投资有很多"目标",并不会像等车那样"必定会来临",而且投资的成本也不是你"个人的时间"。如何学会"输钱",也是一门不小的学问,关键是要明确的目标和计划。笔者在此的建议是:

1. 确立你投入的极限及预先的约定。譬如投资多少钱或多少时间?

2. 极限一经确立,就要坚持到底,就好像邀约异性,自我约定"一次拒绝就放弃",不可改为"五次里面有三次拒绝才放弃。"

3. 自己打定主意,不必看别人。事实证明,两个陌生人在一起等车,"脱身"的机会就大为减少,因为"别人也在等"。

4. 提醒自己继续投入的代价。

5. 保持警觉。

这些方法大家也许都知道,但"知易行难",一旦掉进人生的陷阱,抽身是不太容易的。

就像在等车绝望的时候,也许会有朋友的私家车款款而来,及时救驾。但这显然是小概率事件。

摆脱对"沉没成本"的执著

在日常生活中,我们常常会碰到类似这样的选择题:

(1)单位发了一场某明星的告别演唱会门票,你非常想去,但就在你准备动身去现场的时候,你得知他不会上场了,而且,一场暴风雪使道路变得很危险,在这样的情况下,你还会去看表演吗?

(2)如果其他情况与问题(1)相同,但不同的是:你为了这张票亲自去排队并且花了不少钱,而且你没有办法卖掉它,在这样的情况下,你还会去看表演吗?

这是一个行为经济学中著名的心理测试题。有趣的是,大多数人对问题(2)的回答是会选择去!而问题(1)的回答则因为门票是白送的而可以不去。为什么大多数人会冒着巨大的风险去看表演呢?这就是"沉没成本"心理谬误对人们行为影响的典例。

所谓"沉没",就是已经消失。对于已经花掉的钱,人们总是不能够忘记,成本已经消失,但心理却难以接受。经济学上,沉没成本是指已经发生无法回收的成本支出,比如因失误造成的不可收回的时间、金钱、精力等。值得警惕的是,这些成本的存在干扰着我们的心理决策,诱使我们寻找各种理由坚持错误的决定。

"基金选错了？等收回成本再说吧。""股票出现问题了？等赚了再换。"

类似的思想斗争在生活中非常多,在证券市场中,"沉没成本"带来的心理谬误也在不知不觉中误导着人们的投资行为。"保本"这一观点一向是这类投资人遵循的最基本的原则:10 元购入的股票至少要超过 10 元才会"保本"卖出。其实,如果理性地看,持有还是卖出股票与 10 元的买入价并没有直接的关系,一旦你用 10 元的价格买入股票,买入价已经成为沉没成本,决定卖出的理由应该是它未来的走势,而不是你的买入成本。在单边下跌股市中,"保本"卖出的策略是非常危险的,它可能会让投资人被迫忍受长期下跌造成的巨额亏损。

理性地面对生活和投资,果断放弃那些已经发生、且不可能收回的沉没成本,而不是在失败的泥潭中越陷越深——这不只是投资智慧,推而广之,也是生存的智慧。

基金投资不要做"追星族"

在生活中,你是否有过这样的遭遇:你正处于纹丝不动的交通阻塞车道中,却看到别人的车换入旁边的空车道"一骑绝尘"。你会由于自己无法前进、别人却在不断超越自己而变得越来越沮丧和恼怒——于是,你也变道了。可是你刚变道,这边也堵了。

发生在追捧热门基金的投资者身上的故事与此一模一样。如果某只基金在几个月内的回报率排名第一,例如涨幅达到了30%、40%甚至50%,必然会吸引投资者的关注。许多投资者会经不住诱惑,开始购买这只热门基金。这是一个投资中的常见现象:投资人通常将短期的业绩作为判断基金好坏的标准。那么,这是不是明智的投资选择呢?

历史证明,一再"变道"追捧当年最热门基金的人,其收益连下一年度的平均值都无法达到。有机构对美国小盘成长型基金的研究表明,在随机选取的某一个五年时期内,与定期定额投资相比,投资人一次性投资于热门基金的损失每年达到1.8%。特别是追逐小盘成长型基金和中盘成长型基金的投资损失更为严重。

从统计经验来看,那些在过去1年表现异乎寻常出色的基金,经常在随后几年有可能远远落后行业平均水平。对于投资者来说,买入一只业绩常年稳定在前50%的基金,将比追逐那些短期业绩排名的热门基金,长期看来更容易战胜市场。从投资学的角度来看,风险与收益总是相对称的,短期过高的收益也往往意味着过高的投资风险。

事实上,引发基金短期表现的因素有很多,特别是随着市场的波动,基金的风格、市值、投资行业分布等因素均影响着基金回报率的高低,如果基金的投资风格恰好与市场上升行情一致,基金短期内的回报也会随之攀升。

因此,在股票型基金的选择上,笔者建议重点关注那些公司治理结构完善、投研团队关系紧密、风险控制体系完善的基金公司,并且持续买入或在买入基金之后长线持有。从长期来看,投资者的耐心和坚持也是通过投资基金获取超额收益的重要来源之一。

不要把短期业绩作为自己投资的依据,就像不要因为暂时的堵车,就随意改变自己的车道,不是吗?

有一种爱叫"放手"

大家对肉少骨多的鸡肋并不陌生,吃的过程比较麻烦——食之无味,弃之可惜。用在投资上,这句话又有了新一层的解释。

不要以为那些只亏不赚的不良资产只有公司才有,对于个人投资者来说,虽然一些盈利性不强的资产本身不能看作不良资产,但其总在盈亏临界点附近徘徊,被戏称为"鸡肋资产"——食之无味、弃之可惜。

这些在一天天贬值的房产、股票、基金、债权、投资等,让你焦虑不已、寝食难安。持有吧,不但占用大量的时间、精力,甚至为了自救,必须投入更多的金钱,而且徒增心理负担,影响生活质量;放弃吧,毕竟当初是一大把白花花的银子,要承认资产缩水乃至变成一张废纸,却又实在是不舍得。

鸡肋资产类型不同、情况各异,但人们面对它的心情却是相似的:坚持无益,弃之可惜,左右为难,进退维谷。

其实这与每个人的投资原则直接相关。身边许多投资人都曾经有过类似的问题,或者自己有"鸡肋资产"却不知道,或者明知是"鸡肋资产"却没有处理,以致"鸡肋"存在的时间更长久。其实,以笔者所见,重点是不必为过去悲哀,而是如何激励自己为将来做打算。下面有两个步骤或许有助于你的决策。

首先,每月或每季定期检查自己的总资产(类似于人们每年的定期体检),得出个人或家庭的资产负债表,并从中找出类似"我的资产似乎有点偏不动产"及"我的××基金占了基金的80%及总财产的60%,但似乎表现得有问题"等潜在的状况或问题。

其次,要求自己要有处置决策。如果发现有"鸡肋资产",请详细做好分析及制订处置决策,再依此执行。例如,对于基金或股票,请以专业经理人的角度客观而不带感情地做出决策。一般人常见的问题是,我觉得"鸡肋资产"或许可以很快翻身,所以不必急着动刀。如果你这样认为,就必须确定"大限"的时间,例如,如果××股在7月30日还回不到本钱,则闭着眼睛卖掉。说实在的,"鸡肋"很难变成"鸡腿",这都是我们的一厢情愿、"铁树开花"般的几率而已。

实际上,再难以取舍都只是心理的感受。既然投资者还要为鸡肋资产付出更大的代价,那就真不如斩仓出局,彻底忘记这段痛苦的经历。就像歌词里唱的"有一种爱叫做放手",投资者也应当有这种放弃的勇气——拿得起,还得放得下。

世界杯与基金理财

本来,每四年一届的足球世界杯与眼下有点冷清的基金理财是风马牛不相及。而在笔者看来,近期 A 股着实没有看点,反倒是南非的世界杯吸引了全球的目光,甚至有媒体好事者称,基金经理都看球去了,哪还有心思打理股票。

虽然是玩笑,然而在笔者看来,二者的确有颇多相通之处:基金公司的投资团队犹如一支球队,团结协作、各尽所长是必不可少的;明星基金经理就像明星球员,是团队的主心骨,风险控制总监就像守门员;出色的投资团队,跟出色的球队一样,攻防兼备,股债匹配,增仓减仓,哪个方面都不能出大差错。

近日就有一份"基金投资策略调查"显示,基金运作团队的稳定性和选股能力位居投资者购买基金最值得参考因素的第一位,受到 61% 的投资者的关注。这一结果表明,在中国基金业发展十余年之后,投资者对基金投资的认识和理解已逐渐成熟起来——买基金就是买优秀的投资团队。

那么,通过哪些信息来判断投资团队的优劣呢?

首先,好的投资团队中不乏精英,不乏明星基金经理,但绝不会过分地依赖个人。任何一个好的基金经理都无法单枪匹马取得战功,必定需要一个好的投资团队全力支持和保障;由于投资活动越来越专业化与微观化,要想在信息十分发达的市场中获得比别人多的超额利润,需要一个分工明确、配合协调的投研团队一起努力才成。

其次,好的投资团队背后要有良好的投资理念、投资流程和风控机制,充分发挥团队的优势,同时也要让团队成员用更长期的眼光和心态致力于资产的长期稳健增长。投资者可以从基金管理公司的以往业绩、内部管理机制、财力、研究人员实力等多方面考察。如果一家公司旗下基金整体表现都相对出色,反映出整个团队实力胜人一筹,而团队实力恰是影响基金长期业绩的决定性因素。

另外重要一点是,投资者要了解基金公司的投资专长与投资风格。不同的投资者,出于投资风险偏好或者资产配置的需求,需要进行不同种类基金的投资。如风险承受能力就是选择基金产品时应主要考虑的因素。对于那些处于退休期间的投资者,最好不要太多涉及风险偏高的基金产品,转而以投资预期收益水平与风险较低的基金品种为宜。

变成富人的理财哲学

所有的人，没有不想改善生活或生财致富的，更何况面对日益增多的诸如买房、买车、子女教育、退休养老、应对紧急突发事件等人生目标。有统计测算，要完成上述目标，一个核心城市的家庭大抵需要 300 万元，这光靠工资显然无法实现，理财规划势在必行。

要致富，最关键的要素，必须要累积"原始资本"，也就是俗称的第一桶金。这个道理很简单，但很多人却还没太清楚。

其实，贫穷者要变成富人，最大的困难是最初几年。财智学中有一则财富定律：1 万元变成 100 万元，和 100 万元变成 199 万元，同样是增加 99 万元，其中的难度是完全不同的。由 1 万元变成 100 万元，在五年内至少每年要增长 150％才可达成；但反过来看，如果你有 100 万元，每年只要赚 14.8％，五年后即可增至 199 万元。

当然，许多人可能经历过上海认股权证翻番和前几年房市上涨的幸福时光，会觉得第一桶金来得比较容易。但是，这只是绝大多数人可遇而不可求的个案而已，历史重复的几率实在太少。

所以，在累积第一桶金时，所有的专家都一致指出，"节俭是关键"。因为一般人在开始工作时,都没有什么钱,但谁比较节俭,谁累积财富的速度就会比别人快;但另一方面,因为你重视,所以也养成一些"精明的习惯",例如,趁打折时买东西,或投资一些回报相对多一点的品种等。

"要有投资规划",要有资本的意识和经营资本的计划。有这样一则事例:一个人用 100 元买了 50 双拖鞋,拿到地摊上每双卖 3元,一共得到了 150 元;另一个人很穷,每个月领取 100 元生活补贴,全部用来买大米和油盐。同样是 100 元,前一个 100 元通过经营增值了,成为资本;后一个 100 元在价值上没有任何改变,只不过是一笔生活费用。

贫穷者的可悲就在于,他的钱很难由生活费用变成资本,更没有资本意识和经营资本的经验与技巧,所以,贫穷者就只能一直穷下去。

以上只是给大家提供一些想法,对于大多数人来说,每个人致富道路的过程和终点不一样,但是起点却是一致的:从节俭开始,将生活费用变成"第一资本"。

渴望是人生最大的动力,只有对财富充满渴望,而且在投资过程中享受到赚钱乐趣的人,才有可能将生活费用变成"第一资本",同时,积累资本意识与经营资本的经验与技巧,才能使你获得最后的成功。

从第二十名到前十名的潜力

上小学的时候成绩不好,老师鼓励我说:你从第二十名进到前十名,还有十个名次的潜力,而第二名进到第一名,却只能走一步,想想吧,你自己有多大的潜力。

事实上,在投资市场上,这样的逻辑也被基金经理们所钟情——挖掘潜力成长股。投资大师彼得·林奇寻找"Tenbagger"股票(能涨 10 倍股票),也是遵循这样的潜力成长原则。林奇指出,"Tenbagger"股票共同的特点就是所处行业具有日益扩大的市场空间,只要公司具备竞争优势,就可以分享市场带来的收益。

同样,进行海外投资的 QDII 基金,投资新兴市场的成长空间要高于投资发达国家;而在新兴市场里,金砖四国无疑是具备竞争优势的领军者。因此,投资金砖四国和林奇"tenbagger"股票有着异曲同工之妙。

我们用数据来说话,与强势的经济增速相比,"金砖四国"的资本市场仍相对较弱,但也因此成为未来全球资本市场扩张的潜在力量。

据全球知名咨询公司麦肯锡(McKinsey)估算,目前新兴市场金融资产总额仅为国内生产总值（GDP）的 165％——不包括中国的话，仅为 145％。德意志银行估计，亚洲金融资产只占到 GDP 的 90％，而美国则达到 GDP 的 360％。

由于目前西方资本市场越来越成熟，增长潜力趋于有限，麦肯锡预计，未来几年内新兴市场将不只是全球资本市场增长的重要源泉，而且几乎是"真正扩张的唯一平台"。

同样，全球知名投行高盛预计，"金砖四国"占全球股市资本的比重将从目前的 18％增长到 2020 年的 30％，并将在 2030 年达到 41％。

站在伟人的肩上，能使我们看得更远，透过彼得·林奇的投资理念，我们不难发现这样一个事实，即业绩能够保持两位数的持续增长能力的公司基本都有成为中线大黑马的潜力——而同样，投资经济增长保持接近两位数、领先于全球的"金砖四国"亦如此。

而在你的投资组合中，如果能拥有这样的一个投资标的，在未来很长一段时期内，提高组合收益力的概率也将大大提高。

认清投资风险的真相

笔者有一个同学，很长时间不联系，却总会在不经意时来条短信。就在前几天，她忽然短信问："最近有一笔闲钱，投点啥基金好？给个建议。"每次收到她这个短信，笔者都很激动。上几次收到她短信的时间分别是 2007 年的 10 月、2009 年的 7 月、2010 年的4 月。

进入 2011 年 3 月份的 A 股似乎又让人闻到了久违的"牛市"味道，有券商甚至再次抛出"万点论"。然而对于许多经过血的教训的投资者来说，在市场的上涨过程中，在享受赚钱的愉悦中，最容易忘记的就是风险。

从某种意义上说，投资学所涉及的无非是风险与回报这两大话题：第一，风险与回报之间的关系到底是怎么样的；第二，如何在降低或者控制风险的同时，获得尽可能高的回报。

为什么风险与回报的问题这么重要呢？原因很简单，因为不愿意承担风险是绝大部分人的本性，可是我们又想得到尽可能高的回报。

大凡学习理财的人学到的第一个投资规则就是风险和回报的

关系，"高回报，意味着高风险"，俗话说"没有免费的午餐"，这句话的意思就是，市场上不可能存在既没有风险，却又能让你获得高回报的东西。

而这个命题往往会潜移默化到一个误区：高风险的东西一定可以获得高回报。正如许多经济学家们所主张的，资产的风险越大，就必须带来越多的回报，否则没有人会对它们进行投资。

然而事实并非如此。马克思说，风险越大的资产并不一定会带来更多的回报，它们只是看上去如此而已。他说："道理非常简单。如果有风险的投资就能获取更多的回报，那么就不算具有风险了。既然没有风险了，那么它们就会被认为不能带来更高的回报。"

我们在很多投资的教课书上看到一些很有道理的、类似饮食健康的投资建议：多样化投资，尽可能少地进行交易，努力降低成本以及青睐指数基金。他们遵循的是什么样的逻辑呢？不论是股票型基金还是个股，短期内都有可能出现大幅下跌，但两者也有不同之处：一只投资分散的股票型基金，如果它出现了下跌，几乎可以肯定它总有一天会反弹回来，并在长期内可能给你带来可观的回报。但如果你持有的一只个股大幅下跌，无论你再等多久，都不敢期待它哪天会反弹。

高回报意味着高风险，但是高风险并不意味着高回报。对于许多投资者来说，后一句话比前一句话更为重要，尤其是在不断上涨的市场中。

用"投资"战胜"消费"

当市场不太景气的时候,就有不少人都在咨询同样一个问题:既然我的投资收益是负数,那干脆不用投资直接消费得了。那么,投资和消费究竟应当如何选择呢?

先请看一个明显的例子:甲和乙两人工作后都积蓄了 30 万元。5 年前,他们都花掉了这 30 万元,甲购买了一套房,乙去买了一辆"奥迪"。5 年后的今天:甲的房子市值 120 万元。乙的二手车市值只有 5 万元。

在故事中,甲花钱买房是"投资"行为——钱其实没有花出去,只是转移在房子里,以后还是都归自己。乙花钱买车是"消费"行为——钱是花出去的,给了别人,二手车用过十年后,几乎一分不值。

同样,著名的哈佛大学给学生上的第一堂经济学课只教两个概念。第一个概念:花钱要区分"投资"行为或"消费"行为。第二个概念:每月先储蓄 30% 的工资用以投资,剩下来才进行消费。

哈佛教导出来的人,以后都很富有,主要并不是因为他们的名校出身、收入丰厚,而是他们每月的行为,跟一般的普通老百姓有些许区别：哈佛教条——储蓄 30％的工资是硬指标，剩下才消费。每月储蓄的钱是每月最重要的目标，只会超额完成，剩下的钱就越来越多。

这是一个非常重要的理财概念，却被很多人所忽视。对于许多人来说，都是先花钱，能剩多少便储蓄多少，储蓄剩下的钱并不多。

很多陷入困境的人都有过梦想，甚至有过机遇，有过行动，但要坚持到底却很难。一位富人曾经说过：没钱时，不管怎么困难，也不要动用积蓄，要养成好的投资习惯，压力越大，越会让你找到赚钱的机会。

事实上，富有的秘诀是：在赚的钱里，一定要留下一部分进行投资。财富的增长就像树的成长，最先是一个很小的种子在发芽。第一笔存下的钱就是财富成长的种子，一开始不管赚多赚少，总得存下 1/3 的钱来，这样才能为以后有更好的发展留下机会。

懒惰投资好过勤奋投机

托尔斯泰有一句经典名言:幸福的家庭都是相似的,不幸的家庭各有各的不幸。这句话套用在股市上就是:挣钱的股民都是相似的,赔钱的股民各有各的赔法。

有朋友说:在 A 股市场里真正赚到钱的投资者有两种,一种是特别勤奋的人,另一种是特别懒的人。环视身边的新老股民,真正意义上挣到钱的也就那么几个,其中要么是很幸运地买了只好股票却基本不管,要么是紧盯股市做超级短线。做超级短线的前提是你必须看得准、吃得透,而且眼疾手快,见好就收,因此敢这样做的人只限于那种绝顶聪明的专业人士。

不过,看看身边的朋友,虽然不是时刻紧盯股市,但又有哪个不是夜以继日、呕心沥血。天天想着股市的涨涨跌跌,听着真真假假的股评,看着虚虚实实的消息,总想不自觉地跟风,除非是个局外人,否则很难管住自己的手。结果呢,牛市中赚了指数不赚钱,熊市中赔了时间又赔钱。

从本质上说,投资买的是公司,看中的是企业的前景和发展潜力;投机买的才是股票,依靠股票的涨跌赚取差价。不过绝大多数的股民都属于后者，因此大多数的股民亏钱的多，赚大钱的少——即便你很幸运，手中的股票翻了一番甚至几番，最后还是很有可能再吐出来，原因是还有更大的诱惑在等着你——在牛熊转换的过程中，没出来的总是像坐电梯一样遭受折磨，当你忍不住逃出来了，却发现又摔到了地板上，甚至掉到了地下室；幸运逃出来的又总会禁不住诱惑上了另一个楼梯，但这个楼梯正处于楼的顶层开始往下滑。这就是以投机心态来投资股市的结果！

说了这么多，还是回到开头那句话。其实，股市中真正能挣钱的人只有一种，就是"手中有股而心中无股"的"懒人"。因为我们毕竟没有每天时刻盯盘的时间和高抛低吸的本事，能把10万元炒成1 000万元的毕竟只是万里挑一的天才。

当然，"手中有股而心中无股"的前提也必须是选一只好股票和一家好公司，也需要你去精心呵护，不要被一时的冲动和涨跌蒙蔽了双眼。

你知道买一台 iPad 将花费 3 万元么?

当有人问我,现在是否愿意去买一部苹果公司(Apple)的新款 iPad,我会告诉他们,"哦,即使我想要,我可能也不会为了它花 30 449 元。"大家也许会认为我神经错乱:新款的 iPad 明明最低只要不到 4 000 元。

怎么会这样呢? 道理很简单。如果我不花这 4 000 元,我就会用这笔钱来投资。从历史经验来看,过去十年股市的长期回报率约为每年 7%,以此计算,20 年后 4 000 元将会增至约 15 479 元,而 30 年后,这一数据将变为 30 449 元。也就是说,我有两个选择,可以现在去买一部 iPad,或者等到 30 年后拥有大约 30 449 元。

你可能想象得到,很多人看到这里可能会不以为然,或者直截了当地反驳:"哼,你简直是在胡说八道。"

真的很荒谬吗? 不可否认的是,如果你选择在今天消费 1 元钱,那么你就是在积极主动地选择在以后失去 4 元、6 元,甚至是 10 元。对于 20 岁的年轻人来说,他们的钱在未来的至少 45 年内会不断增长,每花 1 元实际上超过 10 元。

这是一个不争的事实。即使是按照 4% 的回报率来计算,你的钱也会在不到 20 年的时间里翻上一番,在不到 30 年的时间里变成原来的 3 倍。

关于金钱,人们传统的"活在当下"的思维也许需要有所改变。其实,每件商品上的价签——比如 iPad 上的"4 000 元"——都是极具误导性的。它并没有反映出我们生活中的基本事实:我们缺少资金。

要致富,最关键的要素,必须要累积原始资本,也就是俗称的"第一桶金"。这个道理很简单,但很多人却还不太清楚——1 万元变成 100 万元和 100 万元变成 199 万元,同样是增加 99 万元,其中的难度是完全不同的。

当然,许多人可能经历过前几年房市上涨的幸福时光,会觉得"第一桶金"来得比较容易。但是,这只是绝大多数人可遇不可求的个案而已,历史重复的几率实在太少。所以,在累积第一桶金时,所有的专家都一致指出,"节俭是关键"。

每当你空手从购物中心回来,应该感到愉快,因为虽然你手现在空着,但握紧得却是未来的数百万巨款。

拉登陨命的投资启示

如果将恐怖袭击的历史写作一本书，奥萨马·本·拉登（Osama Bin Laden）的死可能并不是这本书的终结，但却为华尔街有史以来经受的最严重的一场人类悲剧的重要一章画上了句号。整个事件的始末，都给我们上了一堂投资课。

投资启示一：如何让投资组合免受突发事件的冲击？

不管是 10 年前拉登策划的"9·11"，还是 10 年后拉登殒命的消息传来，都给全球金融市场带来动荡。我们可以看到，类似突发事件一般会对市场形成短期冲击，但从长远来看，市场依然会回归到基本面决定的中枢线上。不过，突发事件依然需要我们改善投资组合以及提升风险承受能力。

拉登事件对投资者是一次有益的提醒，它告诉我们应该考虑采取措施防止投资组合受到意外事件的冲击，如在事件刚发生时持有更多的现金，现金是投资组合的缓冲垫，也能让你在发生意外动荡时有备无患；还有就是大家常说的分散投资；等等。

投资启示二：即便看起来形势陷入绝境，满怀信念终会有所回报。

追捕本·拉登起初是紧张,然后成了笑话,接着几乎被淡忘——许多人早就放弃了将他绳之以法的希望,直到拉登的死讯传来。基金投资同样也是贵在坚持。那些说起来容易的事情做起来通常都很难,比如忠诚,比如严谨,比如将一只好基金长期持有。长期持有的好处显而易见,比如投资成本低、花费的精力少,当然,最重要的是收益稳定可观。

投资启示三:信息披露的重要性。

拉登被击毙的消息传出来后,由于美国政府迟迟不公布拉登死亡照片,引发大家对事件真实性的怀疑。

在证券市场上,信息披露是上市公司和基金公司的义务,知情权是投资者的权利。人们相信,阳光之下无罪恶,而"有秘密或神秘,就有可能存在堕落或欺诈","一切要做的就是披露,公之于众是无害的"。而事实上,在国内金融行业,基金业的信息披露制度是比较健全的,除定期的季报、年报,涉及公司的高管和基金经理的变动等都有公告披露。

"卡恩案"给投资的启示

许多投资者都受过或者正在受这个理念的影响：市场总是正确的，或至少是理性的。崇拜市场的人们称呼其为"有效市场假说"。

然而，对于生活在现在这样一个即时可达、无孔不入的电子媒体时代，市场正被各种因素所影响，甚至挟持。如日前忽然转向的"卡恩案"就给我们一个很好的启示——全世界争相对该案件下结论的方式。

卡恩被捕时，外界立即认定他有罪。这种断定几乎是人们的普遍看法。任何与此相反的观点都会被其他人愤怒地高声喝止。用金融市场的术语说，当时曾存在一种卡恩罪行"泡沫"。可如今事实证明，此案原告的诚信度很有问题——说不定卡恩是无辜的。

毫无疑问，我们正处于一个充满更多波动、更多误判的新信息时代，这是一个有着时而膨胀、时而泄气的巨大泡沫的时代。我们有快捷的互联网，尤其是微博提供源源不断的消息。无论何时何地，我们都能通过电脑、手机接触到这些信息。我们倾向于认为，得到越多的信息，会做出更明智的判断。但情况常常正好相反。

媒体信息无限丰富时代的社会舆论让我想起英国讽刺作家萨基说过的一句话：孩子在慢慢长大的过程中知道的并不是更好，只是更多。

投资亦是如此。金融市场本质上是一个人类行为的会聚处，它反映了资金和投资判断的影响，这既是它的优势，也是弱点。在媒体信息无限丰富的当下，大众评判越多，金融市场的这一弱点就越明显：通货紧缩是个威胁？突然就出现了蜂拥购买长期政府债券的风潮；又或者通货膨胀是个威胁？突然就出现了购买黄金热；经济正在进入阶段性疲软？于是就出现抛售股票潮。

所有这些都存在一些简单的教训。"卡恩案"强化了这些教训：

我们不要轻易假设大众或市场是正确的或甚至是理性的。海量的一知半解的观点一文不值。我们应学会聆听不随大流者所说的话，特别是当他们听起来最荒唐的时候，特别是他们的声音被盖过的时候。

在投资上，我们不应听从任何快速形成的判断。尤其是在得出自己的结论时，我们应抵抗从众的冲动。我们应从容不迫、做好自己的功课并做出自己的决定，无需着急。我们必须经常提醒自己，我们可能是错的。

教孩子打理压岁钱

"乖,爸妈先帮你把红包存起来!"很多人儿时在过年时都听过这句话。春节刚过,如何教育孩子运用压岁钱不仅考量家长智慧,也是对孩子进行金钱观教育和理财教育的绝好契机——把压岁钱拿来投资理财,既能开拓孩子们的财智,也可以让压岁钱保值增值,其中,基金定投和黄金、少儿保险都是比较合适的投资法。

笔者认为,如果打算长期投资,又没有时间关注市场的话,可以选择基金定投的方式。

事实上,基金定投的复利收益惊人。据计算,如果每年拿5 000元压岁钱用于基金定投,按年收益率5%计算,15年之后也至少能有12万元入账,孩子上大学费用基本没问题了。压岁钱有闲置时间长、使用频率低的特点,正适合投资基金,尤其适合投资开放式基金。

虽然基金短期内净值会产生波动,但对长期投资而言,是最适合投资的产品,长期下来的收益相对稳定、丰厚,若干年后可以解决教育资金问题。在基金选择上,建议选择投研能力较强的基金公司及长期业绩较好的基金。

　　另外,随着国际金价反弹,笔者建议家长可以拿压岁钱适量投资黄金。虽然目前银行有实物黄金买卖业务,但是黄金等大宗商品市场波动较大,因此建议家长可以选择一只大宗商品类的基金进行定投,把压岁钱交给专业的资产管理公司和基金经理进行投资。如信诚全球商品基金,就是一只主动寻找贵金属、能源、基础金属及农产品等不同的投资机会的主动管理型基金。

　　不过,18 岁以下的孩子不能单独开立基金账户,家长们可以用自己名义为孩子开立基金账户,定期告诉他们基金账户的净值状况。如果投资有成,可用投资盈利买些他们想要的东西,进而强化理财的意愿。

　　目前,由于我国学校教育既不专门给学生进行金钱观教育,也不专门开设个人经济课或理财课。因而,家长有必要对孩子从小进行金钱观教育和理财教育,树立正确的金钱观,教会孩子合理理财。如何打理压岁钱,就是一个很好的切入口。

如何教导下一代理财

适逢又一个新学期到来。近年家长们越来越重视孩子教育，动辄上百万元的"学区房"投资成为许多城市的一道独特风景线。但是，我国的学校教育既不专门给学生进行金钱观教育，也不专门开设个人经济课或理财课。因此，小孩财商教育成为一个空白地带。

笔者以为，子女理财教育应从小抓起，小学阶段是奠定小朋友理财观的重要时期，有两个重要的观念理应在此时灌输。

首先是"独立账户"的概念。在中国，小朋友在过年时会得到压岁钱，生日时也会收到长辈们的"红包"，父母们可将这些钱以小朋友的名字开立银行账户，来体验"储蓄和支出"的感觉。要求若有较大的支出，必须从自己的账户提款，这样孩子才会对自己的财富开始关注。这是建立他们"理财自主"的第一步。

其次，是让他们养成"消费前先思考"的习惯，以考虑支出的合理性及有效性。例如，在小孩想用钱消费时要提醒他，"花这样的钱是否值得？如果花掉，你账户中的钱就会变少，长大后可用的钱就更少了。"由此帮助他们思考：(1)消费前需先考虑存款；(2)消费后存款会变少,因此更要"选择性消费";(3)消费会用掉"未来的财富"。

到了中学阶段,要关注两个方面:(1)认识时间的价值;(2)父母如何代其理财。

说到时间的价值,有了中学时的数学基础,小朋友不难回答诸如"如果每年赚10%,10年后财富将会有多少?"这样的问题,而且对他们的人生具有重大意义。中国人一般都想一夜致富或"天上掉馅饼",但真实的人生却很残酷,无论理财或是事业达到成功,都需要"长期的累积",巴菲特几十年来基金的年报酬率也不过10%~20%之间,但通过长期的累积,最终成为世界首富。

另外,通过多年的压岁钱积累,小孩的资金也颇为可观,父母可以有意识地把教育融入生活的点滴中来。如定期定额买基金,买国家债券或定期存款等,既可以让他看到自己的账户资金在逐渐增长,又使其对理财工具有基本的认知。如果投资有成,可用投资盈利买些他们想要的东西,进而强化理财的意愿。

投基成败关键在于"做对事"

就像吸烟者对烟盒上的健康警告熟视无睹一样，投资者也非常容易忽视一个最显而易见的股市投资告诫：历史收益不能保证未来的投资成功。

这种例子在 A 股市场上比比皆是。如 2011 年中证 500 指数全年暴跌 33.83%，远超过沪深 300 指数的跌幅，但是 2012 年以来至 3 月 16 日，中证 500 指数大幅反弹 15.91%，领先于沪深 300 指数。

这种市场反常现象有一个专业的名词，叫"一月效应"（January Effect）。即在每年的头一个月，上一年表现低迷的小市值股票会比上一年表现较好的大市值股票回报率更高。

当年表现好的股票、行业板块，在第二年表现低迷。这也在一定程度上导致一些当年表现好的基金，在第二年可能表现不尽如人意，这导致基金净值排名每年变化很大。

这就给投资者挑选基金带来很大的困扰。什么样的基金才是好基金，又用什么来衡量呢？基金投资不是赌博，不是一夜之间就能让自己的资本像滚雪球那样越滚越大，投资者所追求的终极目标应该是基金的未来和持久的业绩表现。基金投资的回报需要一个过程来实现,更需要一个正确的把控。事实上,投资的把控同人生一样,正确的方向和策略是获得美好未来的基础,时间放长来看,基金投资的成败关键在于"做对事"——构筑适合自己风险偏好的基金组合。

目前市场上开放式基金就达上千只,每只基金特点和风格都不尽相同,如果只看短期收益及排名,很难寻找一只长盛不衰的基金。然而,如果通过配置不同类别的基金,构建一个有效规避风险的基金组合,虽然不能保证每只基金都能获得最高利益,但经过长期的投资,其整体收益受市场影响相对来说比较小,收益比较稳定。也就是说,如果做对了事——基于自身投资目标而构建一个适合自己风险偏好的基金投资组合,那么,其投资收益就可以达到事半功倍的效果。

选好了组合,接下来就要坚定信念。投资是一项持之以恒的事情,说起来容易,做起来难,能坚持到最后的更难。在基金投资中,并不需要保证一定选择到"最好"的基金,也不需要"分秒不差"地把握准确入场时机,只要坚信经济增长是长期螺旋式向上发展的趋势,坚定信念,坚持长期投资,就不会错过上涨的概率,就能够分享中国经济长期增长所带来的收益,从而实现自己的投资目标。

"六一"节送孩子一份财商礼

又到一年"六一"了。按照往年的惯例,在节日期间,家长们无非是要带孩子到公园游玩,或者购买孩子心仪已久的玩具作为礼物。那么,今年我们为什么不改一改这一惯例,送一件让孩子终身受益的"礼物"——"财商"呢?正所谓"授人以鱼,不如授人以渔"。

首先,儿童财商"一段"教育:建立"独立账户"的概念,即让他们有自己的银行账户,来体验"储蓄和支出"的感觉。当孩子的零花钱逐渐积累起来的时候,多数家长都会首先选择将它存起来。因此,我们不妨利用这个儿童节,带孩子到银行开立一个账户,申请一张银行卡,这也是他(她)人生的第一个账户。利用这个账户,小朋友可以把过年时的压岁钱,生日时收到长辈们的"红包"都存起来。并且让小朋友们知道这些钱是自己的,未来增加或减少的主控权在小朋友们手中,以便他们建立"理财自主"的第一步。

其次,儿童财商"二段"教育:树立正确的"消费观"。开立银行账户,只是理财的第一步。为了更好地培养孩子的理财观,需要在生活中让孩子亲身去体验和管理金钱。如是让他们养成"消费前先思考"的习惯,以考虑支出的合理性及有效性。如果孩子要买最新的游戏软件或玩具等，要及时提醒他，"花这样的钱是否值得？如果花掉，你账户中的钱就会变少，长大后可用的钱就更少了。"由此帮助他们思考：(1)消费前需先考虑存款；(2)消费后存款会变少，因此更要"选择性消费"；(3)消费会用掉"未来的财富"。

最后，儿童财商"三段"教育：培育孩子们的理财兴趣。家长不能一味鼓励孩子往银行存钱，还要引导他们合理地运用这笔钱。比如说，基金定投，就是利用长期复利的原理引导孩子投资基金，这避免了反复选择的烦恼，也养成了持续投资的习惯。不论市场行情如何波动，成本和风险都相应摊薄，通过5～10年或者更长时间的投资，可让孩子为自己攒下一笔丰厚的教育资金，而且当前正值股市估值底部区域，正是进行基金定投的大好时机，给孩子办一份基金定投，无疑是孩子"六一"期间的好"财礼"。

"费曼法则"的忠告:避免自我蒙蔽

　　许多投资者都有这样的亲身经历:如果对某项投资付出越多,就越相信自己能够成功,对失败也就越难以释怀。一旦自己买入或者卖出股票之后,如果市场表现出和自己判断不相符的走势之后,开始为自己找借口,甚至靠想象来验证自己没有错。但是,无数次的事实证明,市场永远不会错。

　　从字面来看,英语中的"invest"(投资)一词源自拉丁语中的"vestire",后者是"穿戴"的意思,即把自己包裹起来。在赛马场和其他场所进行的实验表明,相比没有押注的人,对某一结果押了注的人相信该结果会出现的程度要高出3倍之多。

　　诺贝尔奖得主、著名物理学家理查德·费曼明确指出的,"不要欺骗自己,你自己正是最容易被欺骗的人"。延伸到投资领域的"费曼法则",金融领域的最大危险之一就是自欺欺人,尤其是在你押入重仓之后。同时他提出要时刻提防自己走向偏激。

　　费曼认为:对所谓"专家"的结论偏听偏信是一种自欺行为。从不试着反驳自己的信念是一种尤其危险的自欺行为。1974年费曼在加州理工学院的毕业典礼致辞上呼吁听众避免他称之为"草包族"的思想,就像一些太平洋岛民那样,第二次世界大战结束后他们还以为守在临时跑道旁边就可以等来满载物资的飞机。

那么,投资者该如何避免自我蒙蔽呢?

首先,记住"最危险的时刻就是你正确的时刻",这是经济学家彼得·伯恩斯坦常说的话。你应当提前设定一个盈利底线——例如50％的涨幅,要求自己一旦触及这个底线就对手中的头寸进行全面评估。到时候,你必须考虑反方的意见,例如,你持有某只股票,那就应该仔细研究一下做空这只股票的人所持的观点。

试试被心理学家加里·克莱因称为"事前验尸"的方法吧。假设你刚做的投资在一年后惨败,召集一些你重视其观点的人,让他们设想一下从那个时候往回看你所做的投资,并列出他们认为的可能导致你投资失败的所有原因。这或许有助于你弄清楚该如何防患于未然。

说到底,就是切记不要"聪明反被聪明误"。

从《泰囧》热映到反思投资

今年元旦，让人最为大跌眼镜的一件事当数电影《泰囧》成为首部票房突破 10 亿元的中国电影。去年底的贺岁档电影竞争激烈，不乏大导演、大演员的作品，大家事先都预测冯小刚、成龙的电影会夺得票房冠军，没有几个人把小制作的《泰囧》当回事，没有想到，就是这样一部电影最终夺得了中国电影票房之冠。

徐峥当初拿着《泰囧》剧本找投资方到处碰壁，这说明很多人事先并不看好这部电影，最终决定投资的光线传媒公司，很看好这部电影，但也未必会想到票房会超过 10 亿元。这说明市场总是难以捉摸、很难预测。

电影市场很难预测，其他市场也是如此，最难预测的恐怕就是股市了。每年年末，各证券研究机构总要开投资年会，拿出一堆策略报告，预测新一年股市的走势。有趣的是，20 年来这种预测报告大部分都是错的，就说刚刚过去的 2012 年，大部分机构预测 2012 年指数波动区间在 2 000～3 000 点，结果，3 000 点根本就没有看到，2 000点却跌破了。

预测出错是难免的，因为股市短期走势很难预测，这也可以解释为什么很多投资者听从报张或朋友处的预测而买的股票大部分都亏了钱。这也印证了这样的逻辑——做股票不能根据预测做短期交易,需要坚持长期投资。

我们来看一组数据:自 2000 年 4 月 28 日～2010 年 4 月 29 日,上证指数的累计涨幅为 81.73％。但在这 10 年的时间里,如果剔除涨幅最大的 10 个交易日,这 10 年的累计收益率为－1.95％。换句话说,这 10 天的收益超过了 10 年总的收益,实在是相当惊人;若是剔除涨幅最大的 20 个交易日,10 年投资收益率将变成－56.90％,换句话说,在过去的 10 年中,如果你错过了这 20 个交易日,在大盘上涨超 80％的情况下,你最多将亏损 56.90％。

乍听之下,似乎很难让人接受,但结论的确如此。我们如果不坚持长期投资,就容易错过那些大幅上涨的日子,亏钱的概率加大也就不足为奇了。

时间是投资产生回报的重要因素。如同人们去买基金产生长期优良的回报率,投资者提供了本金和时间,基金公司或其他投资机构只是去选择投资标的,加在一起才能成就一个较好的长期回报率。而仅仅依靠经理人,没有足够的时间是做不好投资的。

如何让自己成为有钱人？

也许我们不一定能成为百万富翁，但从有钱人那里我们可以学到许多关于理财和人生规划的秘诀。

大多数人都知道，美国的财富掌握在少数人手中。但如今，在这些净资产达到或者超过 100 万美元的人当中，大部分人的钱都是靠自己挣来的。

分析百万富豪们的成功密诀，也许对你如何积累财富有一些帮助：

1. 量入为出：那些收入不菲但却是"月光族"的人其实并不富有，他们只是很傻。富豪们花钱并不是大手大脚。实际上相对他们的财富来说，这些富豪中的大多数都生活得相当简单，想想仍然住在奥马哈那座简陋房子里的沃伦·巴菲特（Warren Buffet）吧——他把钱用于投资，让这些钱为他带来更多的财富。

2. 做好计划：就是说为今天、明天以及退休后的 30 年做好计划。慢慢地去规划，不要着急，每天都花些时间去检测你的计划。制定出预算并且严格地执行。

美国的富人们都曾进行细致的规划，并为规划投入大量的时间。许多有钱人在喜欢攒钱的同时也钟爱投资。他们当中的很多人会清楚地知道，当他们退休后，需要多少钱来维持生计、多少钱用于捐赠以及留下多少钱作为遗产。

3. 多样化投资：一个人单靠收入并不能成为有钱人。当然，它对于财富的增加是能起到一定作用的，但那些实现了财务自由的人将他们的工资视为一种手段，一种为了获得更大财富的手段。百万富翁们都进行多样化投资，通常对彼此没有关联的资产类别进行投资。

4. 让现金随手可得：虽然富人们将他们的大部分财富都用于投资，但只要有所需要他们就能获得现金。它就像是一个安全阀。专家建议手头留有的现金应该能够确保一年的花销；也有专家把这一时间扩至三年。

5. 将子女考虑进来：富人们会尽其所能地对他们的子女进行理财方面的教育——这也是每一个家庭都应该做的。

《邻家的百万富翁》(*The Millionaire Next Door*)说，财富是你积累了多少，而不是你花出去多少。这本讲述美国富人故事的书于 1996 年首次出版，是一部产生了深远影响的大作。书中写道，人们很少是靠运气、继承遗产、高学历或是高智商而致富。更多情况下，财富是一种生活方式的结果，一种兢兢业业、锲而不舍、做事有规划、尤其是自律的生活方式。

千元大钞背后的投资陷阱

我们先来看一则故事。

在某个鸡尾酒会上，张先生从口袋里掏出一张千元大钞，向所有的来宾宣布：他要将这张千元大钞拍卖给出价最高的朋友，大家互相竞价，以 50 元为单位。出价最高的人只要付给张先生他所开的价码即可获得这张千元大钞，但出价第二高的人仍需将他所开的价码如数付给张先生。

这个别开生面的"以钱买钱"的拍卖会，立刻吸引了众多的参与者，但最后只剩下 A 先生和 B 先生在那里相持不下。当 A 先生喊出"950 元"时，B 先生似乎不假思索地脱口而出："1 050 元！"这时会场里起了一阵小小的骚动。A 先生咬一咬牙："2 050 元！"人群里起了更大的骚动，B 先生摆一摆手，表示退出这个"疯狂的拍卖会"。结果，A 先生付出"2 050 元"，买到那张"1 000 元"钞票，而 B 先生则平白付出了"1 050 元"。

这个游戏是耶鲁大学经济学家苏必克（M. Shubik）发明的，它是一个具体而微观的"人生陷阱"，参与竞价的人在这个"陷阱"里越陷越深，不能自拔，最后都付出了沉痛的代价。

有人曾对参加"千元大钞拍卖游戏"的人加以分析，结果发现掉入"陷阱"的人通常有一个经济动机——渴望赢得那张千元大钞、想赢回他的损失、想避免更多的损失；而千元大钞就是一个明显的诱饵。开始时,大家都想以廉价而容易的方式去赢得它,希望自己所出的价码是最后的价码,大家都这么想,就不断地互相竞价。

当进行一段时间后,也就是出价相当高时,相持不下的两人都发现自己掉进一个陷阱中,但已不能全身而退,他们都已投资了相当多,只有再增加投资以期挣脱困境。

当出价等于"奖金"时,竞争者开始感到焦虑、不安,发现自己的"愚蠢",但已身不由己。

当出价高过奖金时,不管自己再怎么努力都是"损失者",不过,为了挽回面子或处罚对方,他不惜"牺牲"地再抬高价码,好让"对手损失得更惨重"。

投资道上的大小"误区"多少也与此类似。每一个人都是理性的,但正是个体的理性汇聚成了群体的非理性。证券投资市场上最广大的散户们往往处在两个极端,一种是一旦被套,永远等待;另一种是,缺乏耐心,频繁操作,总在公交车到来的前一刻,招来出租车,花费额外开支。等车时的个体理性全然作废。

事实上,并不是每一个人都早已预先设置了止损点。

投资有很多"目标",并不会像公交车那样"必定会来临",而且投资的也不是你"个人的时间"。如何避免蹈入这类"误区",也是一门不小的学问。在此的建议是:

1.确立你投入的极限及预先的约定。譬如投资多少钱或多少时间?

2.极限一经确立,就要坚持到底。

3.自己打定主意,不必看别人。事实证明,两个陌生人在一起等车,"脱身"的机会就大为减少,因为"别人也在等!"

4.提醒自己继续投入的代价。

5.保持警觉。

这些方法大家也许都知道,但"知易行难",一旦掉进人生的陷阱,抽身是不太容易的。

❷ 寓言明喻的基金理财

"求人"还是"求己"？

社会很复杂，常有人感慨，求人不如求己。

想起一则民间故事：一人去寺庙参拜观音菩萨，结果发现观音菩萨也在参拜，他非常困惑地问菩萨，观音答曰："因为我知道，求人不如求己。"

很多人却是从最直接的层面去理解，凡事不求人。于是，养成了什么事尽量自己想办法解决的个性。总之，只要"求人"就会增加一重风险。

转念想一想，此理放在投资领域就需要不同的解释。对于普通投资者来说，投资既需要"求人"，更需要"求己"。

1．"求人"——你必须相信他人

有一项对历史学家和历史爱好者进行的比较研究表明，一个研究中国史的历史学家讨论日本史的问题，可能还不及一些对日本史感兴趣的历史爱好者了解得更多，因为所涉及的内容并不是这个历史学家的专长范围。

事实上，如能让"老虎"伍兹代表我们去参加高尔夫球赛，让刘翔替我们跑110米跨栏，那我们自己为何还偏要上场？同理，当你发现自己连股票 K 线图都很难辨别,市盈率也不知道怎么计算时,你有什么理由不相信一个专业的基金管理团队?

从这一点上来说,我们投资的时候,应该学会求人,如把钱交给基金公司去打理。

2."求己"——你必须相信自己

那是不是"求人"后就万事大吉了呢? 回答是否定的。你要知道,"老虎"会打盹,而刘翔也有受伤病困扰的时候——当熊市来临/当市场疯狂时,你买的真正的好股(定义按巴菲特的选择标准)在跌,你是投暗弃明(卖出),屈服于市场的选择(买进正在涨的热门股),还是坚持己见,我行我素,持股安然不动?

这个时候,你就要学会"求己":需要买基金前进行必要的专业知识储备,买后也不能置之脑后,也应对自己的投资随时跟踪,对影响自己投资收益的各种外部变量,如宏观经济和国家政策等变化都要密切关注,并随之做出相应的对策。

相信自己的长远眼光,相信自己对优秀投资团队的信任,这就是我对求人不如求己的现代版诠释。

很多道理需要经年累月才能幡然醒悟。同理,财与富,不"捂"又哪里会有?

做一头理性的驴子

前段时间股神巴菲特按照一年一度的传统,提笔给股东写了一封信。这位古稀之年老人诙谐幽默又满含投资真谛的信一直是人们追逐的焦点,对于全球投资者来说,不论是不是巴菲特的粉丝,这封信都是一年中最值得一读的文章之一。

于是,我就想搜集股神以前的文章学习一下。无意间看到一个"博客巴菲特"网站,上面有一篇讲驴子的故事。"一匹驴子掉到井里了,农夫觉得它老了,反正救不出来,与其让它渴死饿死,不如埋了算了。就叫邻居帮忙一起往里面铲土。结果怎么样呢?驴子把土抖落,脚下就垫高了,结果它居然从井中出来了!"

评论中是这样解说的:"泥土就是生活中的困难和烦恼,如果不抖落到地下,就会被它们埋葬,如果抖落,那就会成为自己发展的垫脚石。"

"巴菲特无疑就是这样一头聪明的驴子,他看到落下来的泥土上只有两个字:涨和跌。他把这些泥土都抖到脚下了。"

我觉得泥土倒更像人性里的贪婪与惧怕(得失牵挂于市场每天的涨涨跌跌),如果不抖落到地下,就会被它们埋葬;如果抖落,那就成为自己发展的垫脚石了。

事实上，除了不坚持，不理性更是多数投资者的天敌，投资者都喜欢套消息、跟庄，让喜怒哀乐随市场涨跌而变化，让贪婪与恐惧相伴左右，即使获取了财富，投资者也无法得到快乐的感觉。

上述文章的题目是《巴菲特是头聪明的驴子》。驴，会这么抖就特别聪明吗？只是我们以为它聪明而已，或者说我们人类太不聪明？

被尿憋死的活人没听说过有，但不会抖掉背上泥土的人满世界都是。

向刺猬学习基金投资

古希腊有一则寓言叫《狐狸与刺猬》。

狐狸油腔滑调，诡计多端，绞尽脑汁，伺机偷袭毫不起眼的刺猬。每当刺猬出外觅食，总是一摇一摆，对于狐狸也没特意防范，只想着自己的事情。要是遇到狐狸袭击，它就立刻蜷缩成一个长满尖刺的小球，最后狐狸无可奈何地撤回森林。刺猬和狐狸之间的这种战斗每天都以某种形式发生，尽管狐狸比刺猬聪明，刺猬却总是屡战屡胜。英国哲学家伯林从这则故事中总结出一句名言："狐狸知道很多事，但刺猬只知道一件大事。"

然而，在我们的生活中，何尝不是每天都在重复着同样的狐狸和刺猬的故事？狐狸与刺猬其实代表了两种不同的生活策略，狐狸型的人精明、能干，善于随机应变、技巧多元，喜欢对事情做复杂化的思考，也经常同时追求很多目标。刺猬型的人则单纯而专一，喜欢从复杂的事物中找出通则，然后用这个核心概念去诠释和应对外在世界，以不变应万变。

譬如资本市场，狐狸和刺猬正好代表了两类风格迥异的投资人：狐狸型的人总是不满于现状，忙于追逐市场热点，到处打听消息,频繁波段操作,投资情绪不断波动,一心多用,从来不将自己的想法整合成理财规划或投资远景;而刺猬型的人总是大道至简,把钱交给专业的投资管理者——基金公司——进行管理,并严格遵守投资纪律,着眼于投资的长期表现,不管外面的市场如何跌宕起伏,在诱惑和恐惧面前坚守着简单而持久的信念。

如此经过五年,到底是狐狸型还是刺猬型的投资者获利较多,很难说。但就像投资管理专家所说:"狐狸来来去去,刺猬却永久常在",而且,在整个过程中,刺猬型的投资者也较轻松自在、较少烦恼。如上证指数从6 000点暴风骤雨般下跌到1 600点,尔后再次绝地反弹回到3 000点以上。这样折腾的行情,浮躁异动的狐狸又岂能经得住。

股票投资如此,人生的其他大小事也差不了多少——狐狸有很多伎俩,刺猬只有一技,但却是最耐用的。

父子抬驴的启示:坚持你的理财目标

可以说千万个投资人进行基金理财的目的有千万个,但财富的增长则是共同的目标,但在实际基金理财生活中,很多投资者的理财目标很容易动摇或放弃,现代发达的资讯又时时刻刻刺激我们心中的"贪婪"和"恐惧"。

有这样一个故事:从前,一对父子牵一头驴去赶集,先是父亲骑驴儿子牵绳,乡人嘲笑其父不疼子。继而子骑驴父亲牵绳,乡人复嘲笑其子不尊父。转后父子两人共牵驴而行,乡人狂笑其有驴不骑,父子何其笨也。父子愤而共骑驴,乡人皆责备父子心黑,奴役弱驴一头。父子为乡人所戏,不知应该何所为,索性抬驴行于路上,乡人终笑其蠢。

乡人笑什么?驴是骑行的工具,不是抬行的货物,乡人笑的是父子的本末倒置。可是最可笑最可悲的却是这对父子的盲从,没有自己的主见,没有恰当的判断,人云亦云,以至于贻笑大方。

投资又何尝不是如此,很多投资者在开始投资之时都能够理性设立目标,制定投资计划。但一旦账户出现亏损,往往就忘记了自己的投资原则,采取匆匆赎回认赔离场或者孤注一掷,大举投资单一股票以博取"反弹"，由此可能带来更为惨烈的失败。

其实，基金理财本质是一种信托计划，应该让专业的金融机构即基金管理公司来打理投资人的财富。但往往有很多投资者很容易受到各种资讯或周围人的干扰，一有风吹草动就频繁买进和卖出基金，或者更换基金品种，就像故事中的那对父子，没有自己的认知，最后亏得厉害，不被人笑话才怪。

就像绿茵场上的决斗，不到最后时刻，结果永远是个未知数。暂时的"浮亏"或许让人气恼，但只有坚持"打完全场"，才有可能成为赢家。

足球赛场上的坚持只是 90 分钟，投资的坚持却贯穿于您的整个生命周期。在人生的不同阶段，都应该根据自己的风险承受能力和投资目标采取相应合理的投资计划。是积极进攻的"3－4－3"阵型，还是四平八稳的"4－4－2"，或者是防守反击的"5－4－1"，您需要因地制宜，选择适合自己的资产配置"最佳阵形"，原则定好，配以坚持长期投资理念，相信胜利之神终究会向你微笑。

有计划的懒惰可以致富

　　长期以来，人们一说起懒惰就深恶痛绝。其实，"懒"从某种角度来说，既能成为一种创造的动力，也能提高生产的效率。

　　犹太人汉弗特就是推崇这种"懒惰"哲学的人。他在加拿大渥太华开设了一家豪华宾馆，年终时，他让宾馆分别评选出 10 名最勤快和 10 名最"懒惰"的员工。但是出人意料的是，汉弗特把 10 名"懒惰"的员工评为宾馆最优秀的员工。他是这样解释的："据我观察，最优秀的员工全无例外的都是'懒汉'，因为他们'懒'得连一个多余的动作都懒得去做。而勤快员工的'勤'，大多表现在他们整天忙忙碌碌，不在乎把力气花在多余的动作上，做一件事不在乎往来多少趟，这样能有效率吗？"

　　事实上，人类的许多发明，都起源于懒惰。人正是懒得推磨，才发明了风车；懒得走路，才发明了汽车；巧于懒惰的人，身上常常闪烁着创造的火花。

　　而经过多年的投资经历，我们可能也发现，至少在投资领域，勤劳勤动绝对是贫穷的主要原因！做短线交易的，够勤劳吧，但是做多错多，手续费让你的钱越来越少；每天收市做功课、K 线图、技术指标……研究得很晚，后来发现白白勤劳了一番，基本属于徒劳无益。

这种"无计划的勤劳"的绩效远远比不上"有计划的懒惰"。何谓"有计划的懒惰"？"把时间和精力花在前面，认真细致地'做功课'，功课做到位，以后的时间就可以做个'不操心的懒人'了"。

以基金投资为例，以下三步骤就是关键点：

第一，先选定一揽子基金，作为备选品种，了解、分析各基金特点，如风险度、收益率如何等，给出购买理由和不购买理由。

第二，分析自己的资金和时间状况、风险承受度等，从备选基金中挑选 2～3 只适合的基金（建议不要超过 3 只），按适当比例进行组合，设定一个合理的预期收益率范围。

第三，定期（每季度、半年）查看所投基金的基本情况，"买入理由"有无改变。无改变，坚定长期持有；有改变的话，则查找原因做出相应调整。

"懒惰"，是价值投资的核心，对好股票或基金的持有，就是一直不要动；否则，勤奋得"踏空"，那致富大计就落空啦！

价值投资的新诠释:在"美女沉睡"时吻她

古老的西方,一位美丽至极的玫瑰公主因为被巫婆下了咒语而被困在一个城堡里,静静地沉睡着。100年过去了,一位王子经历重重险阻来到这座古老的城堡里,推开了玫瑰公主在的那个房间的门,将她吻醒。

睡美人的结局是这样尽善尽美,成就为经久不衰的童话。那么,从投资上来看,睡美人的故事说明了什么呢?

在笔者看来,王子之所以抱得美人归,首先源自眼光,其次敢于克服恐惧,最后在于他"选时"很成功。

前两点好理解,但关于"选时"的说法似乎有点牵强。其实道理很简单,如果没有巫婆的诅咒,公主不会沉睡百年,也不会让王子有机会去获得芳心。这跟投资市场很相象,如果没有非理性的下跌,我们也很难有机会以较低成本去拿到青睐已久的股票。

价值投资者总会用一句很通俗的话,来说明自己买入股票的动因和时机:在"美女沉睡"时吻她。

当然,不是所有投资者都有这样的勇气和远见。就像谁也不敢进入被下了诅咒的城堡去见从未谋面的公主一样,许多投资者都把系统性崩盘看成是灭顶之灾，避之不及，但彼得·林奇这样理解："每当股市大跌，我对未来忧虑之时，就会回忆过去历史上发生过的 40 次大跌，来安抚自己那颗有些恐惧的心，我告诉自己，大跌其实是好事，让我们又有一次好机会，以很低的价格买入那些很优秀的公司股票。"

"睡美人"标准并不复杂，那些被市场公认的蓝筹股早已"艳名远播"，并不是"睡美人"。真正称得上"睡美人"的是一些反转型企业，这些公司有一个共同的特征，即当前处于较为困难的阶段且业绩表现不佳而处于"沉睡"阶段，但这些公司在可预见的将来存在业绩改善的潜力。

迅速辨认出那些拥有宝贵资源或颇具成长潜力但却不幸被市场低估的目标公司，抓住市场一时的无效给予的低成本买入机会，并长期持有"她"，待到市场的有效性治愈"生病的美女"时，你就是那位幸运的王子。

卖鞋的启示:把你的生活费用变成资本

有这样一则事例:一个人用 100 元买了 50 双拖鞋,拿到地摊上每双卖 3 元,一共得到了 150 元。另一个人很穷,每个月领取 100 元生活补贴,全部用来买大米和油盐。同样是 100 元,前一个 100 元通过经营增值了,成为资本。后一个 100 元在价值上没有任何改变,只不过是一笔生活费用。

这则事例反映了一个投资理财上常见的现象:贫穷者的可悲就在于,他的钱无法从生活费用转为资本,享受资本增值的神奇。贫穷者不是没有投资资本,而是没有投资意识。就因为穷人没有经营金钱的本事、经验和技巧,因此就形成了恶性循环,富者越富、贫者越贫。

因此,要致富的第一步,就是学习将生活中部分负债式的消费转为资产性的消费,然后养成良好的投资习惯。

有这样一个成为亿万富翁的"神奇公式",这个"神奇公式"假定有一位年轻人,从现在起每年定期存款 2 万元,享受平均 5% 的利率,如此持续 40 年,他可以积累的财富为 241 万元[$\sum 2 \times (1+5\%)^{40} + 2 \times (1+5\%)^{39} + \cdots + 2(1+5\%) + 2$]。

但是,如果这位年轻人将每年应存的钱全部投资到股票或基金,我们以年均 10％的投资回报率计算(注:上证综指过去 10 年的平均收益率为 9.14％),则 40 年后,他能积累多少财富?依照财务学计算年金的公式得到:$\Sigma\, 2\times(1+10\%)^{40}+2\times(1+10\%)^{39}+\cdots+2(1+10\%)+2=885$(万元)。

尽管这个"神奇公式"听来很是玄乎——一个 25 岁的上班族,若依此方式投资到 65 岁退休,就能成为千万富翁。如此,全世界阔佬将遍地都是,一抓一大把。相信这种情景出现的概率不高,因为一般情况下,没有多少人会将之进行到底。毕竟漫长的 40 年里,会发生多少不可预料之事。

显然,"神奇公式"真正的目的,是告诉人们投资理财并无什么复杂技巧,最重要的乃是观念。每个理财致富的人,只不过是养成了一般人不喜欢、且无法做到的习惯而已,即投资理财的能力。如此,那些令人困扰的贫富问题就有了"基本标准"的答案:一个人一生能积累多少财富,不取决于赚了多少,也非一味开源节流,而是取决于如何理财。这便是致富的关键。

学习王熙凤的理财之道

新版《红楼梦》"火爆"上映。抛开对于新版《红楼梦》的"口水战"不提,从投资理财的角度来看,这些红楼梦中人的持家理财之道还是颇有值得探讨的地方。

《红楼梦》中,最善于理财的莫过于王熙凤了。事实上,王熙凤的理财能力以今天的标准来看,是很有问题的。凤姐持家,目的很明确——"恨不能把银子省得堆成山,好叫老太太看了欢喜"。用现在的眼光来看,这就好比只储蓄、不投资。

现在的不少人,由于资本市场不景气,便把大量的现金以储蓄存款的方式存到银行中,以追求安全的收益。殊不知,由于目前的经济环境,上半年 CPI 涨幅已经达到 2.6%,而目前一年期定期存款利率是 2.25%,也就是说,如果把钱直接存到银行中,一年中的收益事实上是负的。因此,作为投资者,一定要想办法进行其他投资才行。

在《红楼梦》中,王熙凤把自己的私房钱经营得有滋有味,"一年竟赚了上千的利钱"。当然,那个时候理财工具严重缺乏,股市、债市、汇市等投资渠道一概没有。王熙凤的投资主要是通过钱庄进行的。那个时代的钱庄类似于今天的期货等高风险理财产品，尽管有可能会带来较高的收益，但风险同样也是十分巨大。而且一旦遭遇损失，很可能是血本无归。因此，对于普通的投资者来说，这样的投资最好回避。

当然，王熙凤的理财观念也有我们学习的地方，那就是"懂"、"精"、"度"。

首先，要学王熙凤的"懂"。当然是要懂得理财，够专业，这才是家庭理财的精髓和实质。我们有必要学习一些理财知识的，如各种保险、教育储备、基金股票、不动产投资等相关知识，是家庭理财所应具备的。你不懂，光靠撞大运式的赌博，到处碰壁不说，这财是没法理的。

其次，要学王熙凤的"精"。王熙凤的精明，是贾府公认的。这里所说的精明，是一种敏锐的眼光。静若处子，动若脱兔，该出手时就出手。引申开来，在资金使用和投资决策上，必须要有这样精明、灵敏的嗅觉，要有前瞻性。

最后，还是要学学王熙凤的"度"。这个度，既是大度，又是把握分寸恰如其分。凤姐的八面玲珑、左右逢源，同样给予我们启示，值得借鉴和学习。哪些钱该花，哪些钱不该花，心里要有一本账，当然不是糊涂账，而是思路清晰、合理分配。

不要让沉香变木炭:投资要学会独立思考

有这样一则故事:一位年老的富翁,他非常担心自己的万贯家产在百年之后会给娇惯了的儿子带来祸害,于是他便把儿子叫来,给儿子讲了自己白手起家、艰苦创业的故事。儿子听了十分感动,决定出外寻找财富。他打造了一艘大船远涉重洋,后来在热带雨林中找到了一种会散发出香气的树木。他把这种树木运回家乡,搬到市场上去卖,可却无人赏识,而令人气恼的是旁边一个卖木炭的小贩却总是生意兴隆。第二天,儿子把那种香木烧成了木炭,挑到市场上后也很快就卖完了。其实,他烧成木炭的香木,正是这个世界上珍贵无比的"沉香",只要切下一小块磨成粉末,价值就超过了一车的木炭。

这则故事告诉我们,没有自己的独立思考和判断,"从众"的行为最终导致了手上的"沉香"变成"木炭"。

投资亦如此。股神巴菲特的老师格雷厄姆认为,成功的投资要诀有两条:第一,必须要有正确的思考;第二,独立思考。"人云亦云"往往难以在投资中获利,而掌握分析与判断的方法却能让人受益良多。

美国证券界的传奇基金经理彼得·林奇也曾经反复强调独立思考的重要性。在他的著作《战胜华尔街》中，他反复申明要依赖自己的研究分析进行决策，而"不要理会什么热门消息，不要听证券公司的股票推荐，这也意味着即使你听说彼得·林奇或者其他权威人士正在购买什么股票也不要理会。"为什么不要理会彼得林奇正在购买什么股票呢？第一，彼得林奇可能是错的———"我自己的投资组合中那个长长的赔钱股票名单一直在提醒着我，所谓的聪明投资者大约在 40％的时间里表现得非常愚蠢"；第二，即使彼得林奇的选择是正确的，你也不可能知道什么时候他对一只股票的看法会突然改变而将其卖出。

实际上，就算投资基金也不能做个甩手掌柜。目前市场上的基金已经超过 600 只，什么类型的基金适合自己，如何挑选基金公司和基金经理，其中大有文章，同类型基金总回报率的差异有时甚至高达 30％，从长期投资的角度而言，挑错基金更是"差之毫厘，失之千里"，绝对值得花些工夫好好研究。

最近上海街头巷尾热议的话题就是前不久一位老彩民独中 2.59 亿元巨额彩票，一朝暴富的神话让无数人浮想联翩、艳羡不已。但另外一则数据同样令人吃惊———有人做了一个有趣的统计数据：全世界中六合彩的人，在 5 年以后基本又回到和他 5 年前一样的财富，因为他不懂得如何管理财富。

所以，自己才是成功最重要的因素，投资大师、私人银行家、律师、会计师，都不能代替你成为你的财富管理人，他们仅仅是前进路上的一些指引。与其迷信专家或亲朋好友，不如耐下心来做足功课，培养自己独立分析的能力，从而在长期投资中获胜。

投资需要学会"狡兔三窟"

在动物中,兔子是弱者,天上有老鹰,地上有野兽,兔子为了生存,通常要在觅食的区域内挖有多个洞穴。这样,万一遇到敌人,可以就近藏到一个洞穴里,从而确保自身安全。这也就是人们常说的"狡兔三窟"。

在理财生活中,我们也可以学学兔子,多选择几个投资渠道,比如说追求稳健可以选择国债、货币市场基金和债券型基金,追求收益可以投资股票、房产和股票型基金,并且要根据形势及时调整和选择更好的"洞穴",这样可以最大限度地化解风险,提高理财收益。

同样,为了避免单一市场风险,我们的投资眼光不能只是局限于中国——我们应该挖掘其他"洞穴"——从目前来看,中国的投资者走向海外是不可避免的大趋势。虽然之前发行的 QDII 基金让基民受了不少伤,但其实第一批 QDII 基金主要投向港股并没有太大问题。因为做投资讲究自身的优势,相对于完全陌生的海外市场而言,国内的基金公司对于 H 股更为熟悉,管理上更加得心应手。但是因为港股和 A 股联动性较高,所以从 QDII 产品对于基民的最根本的优势从分散风险的角度而言就不一定尽如人意了。

　　而在 2008 年的金融危机下,全球股市普遍下跌严重。从分散风险的角度看,2008 年的金融危机相对特殊,在这一波的大幅下跌和反弹行情中,全球股市相关性相对较高。但随着全球经济逐渐走上正常化,不同国家股市之间的"不同步"又逐渐显现出来。

　　而在全球市场中,无疑以"金砖四国"为代表的新兴国家最具投资潜力,而"金砖四国"除了中国外,还有印度、俄罗斯和巴西。事实上,即使是在过去的 10 年中,"金砖四国"中的其他 3 个国家巴西、俄罗斯和印度的股市,都获得了接近甚至超过 A 股的收益率。我们从 2005～2009 年的数据来看,巴西、俄罗斯、印度和中国的复合年化收益率分别是 29%、11%、20% 和 21%,值得注意的是,美国的标准普尔 500 指数复合年化收益率只有 -1%。

　　投资新兴市场的另一个好处是可以有效规避人民币升值风险。因为在新兴市场国家的货币比人民币升值的可能性更大。目前,主流国际机构对全球经济复苏势头比较乐观。

　　值得注意的是,目前新兴市场的市盈率处于历史平均区间,也低于世界平均水平,同时,新兴市场的净资产收益率却已经连续数年超过发达国家市场。也就是说,新兴市场估值的进一步提升是以盈利能力做后盾的。

基金投资的新"龟兔赛跑"

妇孺皆知的"龟兔赛跑"寓言,我们经常拿来教育小孩。有时候,我们也会做这样的假设:如果兔子中途不在树荫下睡觉,乌龟还能夺得冠军么?

其实,在基金投资中,每天也在进行着乌龟和兔子各有胜负的新"龟兔赛跑"——被动投资与主动投资已赛跑多年:指数基金就像乌龟,跟着指数慢慢爬,主要依靠程序模型管理,目标是以最小的误差跟踪指数。主动型基金则像兔子,在不同的行业和个股间轮动,其投资管理受基金经理的主观影响较大,目标是战胜指数获取超额收益。

我们可以看到,在基金投资中的这场"龟兔赛跑"中,"龟"、"兔"各有优劣。

应该说,指数型基金投资的确存在着一定的优势:由于采用尽量复制模拟指数的表现进行选股,管理者盯牢指数即可,无需进行主动选股,因此,可以收取较少的管理费用;同时可以持有很高仓位的股票,牛市中可以尽享股市上涨之收益。

事实上,要知道,乌龟要跑赢兔子,前提条件是兔子打瞌睡了。同样,指数型消极投资在市场可行,需要满足几个市场条件,才能发挥出相当的威力。

首先,是有效市场假说(EMH),即市场充分反映了现有的全部信息,市场价格代表着证券的真实价值,这样的市场就称为有效市场。事实上,相对于发达国家市场而言,新兴市场是一个无效或弱式有效的市场,在这样的市场中,信息对资源的配置仍起主导作用,因此,此时主动地搜寻整理信息并选择股票,无疑能战胜消极型被动式的指数投资。

其次,市场具有长期牛市的投资环境,就像龟兔赛跑一样,如果赛跑的路上全是河、海等水路,自然乌龟要占绝对优势。然而,现实中,熊市、牛市交替或者持续的熊市都会产生部分板块或股票上涨,但指数不涨甚至下降的结果,此时,无疑指数型投资出现的结果是不尽如人意的。

最明显的例子就是2011年的A股市场。在2011年风格转换迅速的震荡市,以指数基金为代表的"傻瓜式"投资正在逐步弱化,相反主动型基金由于对选时和选股的灵活把握,成功跑赢市场的比比皆是。

扩展到"金砖四国"市场,由于"金砖四国"中各个国家优势不一样,经济特点不一样,这就像一个震荡的市场中涨跌不一的不同板块。主动配置型的基金,可以根据不同阶段四个国家或地区的差异,对四个市场进行不同侧重的主动配置,无疑将比被动跟踪指数的产品要有优势。如一段时间内四国中某两个市场上涨50%,而另外两个市场下跌50%,那么对于被动型投资的指数基金来说,收益可能保持不变;但是对于一个主动配置基金来说,如果配置在上涨的市场上,则无疑将获得远超市场的收益。

综上所述,在目前的市场环境中,历史的经验数据和理论分析都表明一点,那就是:在非理性市场中的理性选择,便是购买主动管理型基金,让专业管理团队运用其所长来为投资者赚取超过大盘收益的利润。

跑步比赛的哲学:投资,没有最好,只有最合适

春节期间,经常被身边亲友问及"今年可以买什么基金",但总是感觉很难立刻就说清楚,因为这里面包含的品种五花八门,风险收益程度各不相同。很多人虽然具备了很强的理财意识,但在面对众多品种选择时依然不知道自己应该投资什么类型的基金。这让笔者想起了下面这则理财小寓言。

有三个人比赛跑步看谁最先到达终点。第一个人跑得最快,直到面临一沼泽地时,因为不想绕路,便试探着走入沼泽。虽很艰险,左跨右跳,竟也能找出一段路来,可好景不长,未走多远,不小心一脚踏进烂泥里,沉了下去。

下一个人紧跟着也来到了沼泽地,看到前人的脚印,便想,虽然沼泽地有危险,但一定是已经有人过去了,于是便赶紧走过去。最后也沉入了烂泥。

最后一个人来到沼泽地,看着前面的脚印心想,看,虽然已有这么多人走过,但是如果我此刻跟随前人的脚印,即使安全穿过沼泽,可能也无法获得好成绩,干脆找一条最安全的路,绕道虽远些,但坚持下去总能到达终点。结果没想到他不但成了第一个,更是

唯一一个安全到达终点的人。

想想看,身边有没有类似的这样三个人:第一个人去年很早就买了基金,但因为对风险没有事先的估计,宏观调控一来,没多久就把先前赚到的钱给亏掉了。第二个人是在市场人人喊好的时候看到某基金卖得火爆,连卖菜的叔叔阿姨都说这只基金能卖到100亿元以上,生怕错过机会,匆忙追入,结果亏了很多。第三个人知道自己的风险承受能力,在股市达到沸点的时刻觉得这个"市场沼泽"已对自己的财产构成了较大的风险,于是干脆选择了货币型基金这种最安全的理财方式,避免了亏损。

说到这里就更清楚了,这则小故事已经包含了几乎生活中所有的理财哲学。理财不是追求名次的运动,能够最终到达目的地的那个人通常是最不在乎名次的那个人。同样,买基金就是追求稳定安全的长期回报,比的不是一夜暴富的速度,而是稳健长远的收益。

不要怕走弯路,贵在持之以恒,市场肯定有很多曲折,但只要你坚信它是值得投资的,就不要怕绕远路,特别是面临波动幅度较大的市场甚至空头市场时。

没有最好的投资,只有最合适的投资,了解自己的需要,选择最适合自己的理财品种,才能真正聚集财富。对我们绝大多数人来说,最适合自己的也通常是最安全的品种,而让你有安全感的开放式基金也有不少,2010年表现稳定的货币型基金就是很好的一种选择。

仆人理财的差异:学会驾驭手中的财富

一位外出旅行的富人把自己的财产委托给他的三个仆人。他按他们各自的能力,分别让他们保管 500 元、200 元和 100 元。他走后,领走 500 元的人用这笔钱做投资,另外赚了 500 元。领走 200 元的人做生意,也照样赚了 200 元。但领 100 元的人却把主人的钱埋在地里。

主人回来后,核对三个仆人的账目。保管 500 元和 200 元的人向主人解释他们投过资,并增加了 1 倍的财富。主人称赞他们两人是忠实的仆人,他会委托他们负更大的职责。保管 100 元的人走上来对主人说:"主人啊,我认定你是个无情的人,你会抢走我挣的钱,所以我把这笔钱藏在地里。"

这是一则小寓言故事,折射的却是理财的真谛。懂得金钱的价值,学会如何明智地理财,这是每个现代人必备的生存能力。然而,尽管股市投资者已有数千万人之巨,债市、汇市的投资队伍也日渐庞大,可仍有众多的百姓固守着唯一的理财方式:存钱。

确实,在诸多投资理财方式中,储蓄是风险最小、收益最稳定的一种。但是,在目前"负利率"的情况下,依靠存款实现个人资产增值几乎没有可能;一旦遇到通货膨胀,存在银行的个人资产还会在无形中"缩水"。

存在银行里的钱永远只是存折上一个空洞的数字,它不具备股票和基金的投资功能或者保险的保障功能。因此,理财专家建议,根据年龄、收入状况和预期、风险承受能力合理分流存款,使之以不同形式组成个人或家庭资产,才是理财的最佳方式。

其实,把钱存进银行,或捂紧口袋,宁可过苦行僧般的日子也不消费,这是攒钱而不是理财;把钱投资股票、债券、不动产等,这只是使金钱升值,也不是理财。

理财的目的并不仅仅是"赚钱",而是对家庭流动资金的一种合理规划,它要承担教育孩子、赡养老人、贷款买房、退休养老等最基本的家庭目标,这一切都与"资产配置"这个词息息相关。

国外研究数据表明,资产配置决定了九成左右的投资收益。而作为资产配置的天然盟友,基金自然成为人们的投资必选品种了。但是如同饮食讲究荤素搭配一样,投资基金也要均衡配置。如果将投资者的投资组合比喻成饕餮盛宴,那股基就可视为肥甘厚味的荤食,而以稳健闻名的债基则是清新爽口的蔬菜。

抓住时间的"魔手"

假如现在有一个人和你做游戏,提出一个条件:他每年拿出 1 万元给你,一直持续 30 年,而你在同样的 30 年内,只需第一天给他 1 分钱,第二天给他 2 分钱,第三天给他 4 分钱,第四天给他 8 分钱,并以此方式增长。那么,这个游戏你做还是不做呢?

假如你自作聪明同意的话,那你可就赔大了。因为最终你得到的只是 30 万元,而你付出的却是 327 万元。而这其中的玄妙,在于投资理财中有两种强大的力量:时间与复利。

在理财的过程中,时间就像一只无形的"魔手",在你看不到的地方处处显示着它的巨大威力。根据国家物价水平的预测,一个孩子从小学到大学毕业,至少需要花费 18 万元。而且这仅仅是一个相对保守的数字,每年还在以 10% 的速度向上递增。现代家庭培养一个孩子长大成人,需要付出无数时间与心血,同时也要花费大量的财力。

因此,在温和通货膨胀的低利率时代,以传统的银行储蓄作为家庭理财的主要手段,显然已经"落伍"。与之相比,采用更适合的方式合理规划孩子的未来才是明智的选择,也更符合现代家庭的理财观念。举例来说,如果每年拿 5 000 元压岁钱用于基金定投,仅以年收益率 5% 计算,15 年之后也至少能有 12 万元入账,孩子上大学的费用基本能够解决。

上述信息给我们怎样的启示呢?

首先,时间是投资产生回报的重要因素。大家去买基金产生长期优良的回报率,投资者提供了本金和时间,基金公司或其他投资机构只是去选择投资标的,加在一起才能成就一个较好的长期回报率。

最后,时间是有价值的。投资如此,对个人来说也是如此,善用时间、充实人生才是最有意义的。

什么是理财?理财的目的是什么?这两个问题听起来似乎有些"多此一问",理财不就是打理自己的财富、实现财富增值吗?话虽不错,但对于如何理财,却是有着不小的"技巧"性的。因此,作为英明的投资者,越早开始理财、投资越好,时间与复利的威力就愈加无穷!

学习豹子"精打细算"的数学思维

人们经常用的一句口头禅叫"吃了豹子胆",这句话通常是形容人不惧危险。其实豹子不但胆大,而且心细,对于一些事情还会"分析"和"思考"。豹子在捕食猎物时,它们会考虑自己的付出是否值得,比如它对兔子之类的小动物往往会不屑一顾,因为它知道,追一只兔子和追一只羊、一只鹿所消耗的能量是相当的,所以在付出同样"成本"的情况下,它会选择物超所值的猎物。

豹子"精打细算"的数学思维是值得我们在投资理财时学习的。如果投资期限、风险等要素大体相当,应尽量选择收益高的投资品种。比如,国债和储蓄的风险性相当,但收益却有一定差距,这时应学习豹子,在经过计算分析后,选择回报高的投资品种。

一般来说,按照概率论和数理统计中关于期望值计算的公式,投资标的被分成了四大类型:第一类,成功概率很高、成功后收益率中等,失败概率很低、失败后亏损率很低的投资标的;第二类,成功概率很低、成功后收益率很高,失败概率很高、失败后亏损率很高的投资标的;第三类,成功概率中等、成功后收益率很高,失败概率中等、失败后亏损率很低的投资标的;第四类,成功概率很高、成功后收益率很高,失败概率很低、失败后亏损率很低的投资标的。

对于很多投资者来说,第一类投资标的,往往很少参与。而第二类的投机标的往往因为其表面的高收益而大受欢迎。但其实第二类通常是投资亏损的真正来源,投资收益期望值是收益率和概率的乘积,小概率的事件长期看很难成功,高盈利往往只是虚妄。

成功的投资者,应该学习豹子的数学思维,抓住第一、第三、第四类的机会,而如果发现了第四类机会,那就要重仓出击。

事实上,上述数学思维可以归纳为两个关键要素:(1)不干不可逆的事情,"如果输了没机会翻本的生意或投资那就绝对不干";(2)朴素地知道有些表面看财务风险很大的事只要有足够的风险补偿,而资金安排上又稳健的话就值得做。

豹子追猎物,如同我们面对投资机会,往往不可多得,但悬崖勒马的冷静和勇气恐怕不是每个人所与生俱来的。有时候,严格按照数学思维做事和投资,才是投资的关键。

投资与"小偷"策略

从另外一个角度看问题,往往可以从两个风牛马不相及的事物中得到启发,如投资与小偷。

从某些角度来看,投资的时候应该具备一些"小偷思路"。如小偷在下手时先看好逃跑路线和分析可能承受的最大损失,最后才考虑什么时候和什么地方下手。

与股市投资相比,我们根据行情发展情况选择买入的位置就好像解决了小偷在什么时间、什么地方下手的问题;根据走势形态选择止损位置就好像解决了小偷逃跑路线的问题;3%止损策略就好像解决了小偷最大承受亏损的问题。有了这三大基本问题的解决,小偷想被打死都难。

然而,看看我们市场,又有多少人具备了"小偷"的基本素质和素养呢?

"绝不止损":好像小偷被人发现后不但不跑,还在主人面前宣称要继续偷,结果相当惨!

"越亏越加仓":小偷第一次出手时被发现了不逃跑,还一而再再、而三地继续出手。

毫无疑问,小偷的本领不在偷,而在于危急的时候怎么逃。就像炒股的成败不在于怎样买,要害在于如何卖一样。从上面小偷的遭遇,我们应该看到:(1)"干冒险求利的事",获利不获利不是最重要的,保本才是第一位的。(2)"干冒险的事"必须有处理意外事情的能力和功夫。这两点启示,对于炒股来说,可以归结为"止损"是必须具备的功夫。

因此,笔者认为加仓应该有三项基本原则:

1. 每次加仓前必须要求(或者强调)前面的开仓和加仓单已经盈利的情况下才能加仓。

2. 每次加仓都不应该大于前面开仓的仓位。即第一笔买入的仓位必须比第一次加仓的仓位要大!

3. 多数情况下,在一个标的上,连续加仓次数一般不超过 3 次。

总之,风险投资要知道一点"小偷策略",或许会让我们在风险投机(投资)中受益无穷。

悬崖跳水的启示:选择入市的最佳时机

初入股市的"菜鸟"经常被"老鸟"们传授各种"秘诀",如克服恐惧——低档勇于买入,如何确认市场底部——选择入市的最佳时机等,不过通常说起来一套一套,但实战并不容易。

这有点像"悬崖跳水":新手在涨潮时买入,经验老到的投资者则会在看到底部岩石时才会买入。等到潮水已退去、水底岩石清晰可见时会扎下去,这样等到入水时,正是潮涨时,水位恰在最高位。而那些看到水在最高位时就跳下去的,最终成为一次性跳水者。因为,等到他们要入水时,潮水已退去,水已经很浅,只能一命呜呼。

显然,在潮水退去、水底岩石清晰可见时跳下去是需要极大勇气的,因为那感觉和跳楼没什么区别,就像投资一样,在市场低迷,所有人都害怕的时候进入也是需要勇气的,因为那感觉和白白送钱给市场没什么区别。

不过,即使克服了心中的恐惧,但要看清潮水退去后的水底岩石,这也是个高深的技术活,非经验老到、经过市场百般磨练而练就"火眼金睛"的专业投资者不可。

就像目前的 A 股市场,在上证指数下跌 400 多点至 2 600 点附近后,市场有关底部的争论开始多起来。那么 A 股有没有到底部?有什么可以量化的指标来衡量?

笔者认为,也许当满足以下四个条件时,市场才可能形成一个底部,而这个底部可能就是中国经济下个周期的开始。

首先,经济的底要出现,这主要表现在 CPI 和 PPI 的见顶;也许 6 月份已经处于高位,但市场至少要确认这两个数据不再恶化。

其次,紧缩政策到位,通货膨胀和房价是紧缩政策的两个重要目标,但紧缩政策本身又有独立的轨迹,谁也不知道还有多少次加息和存款准备金的提升。

再次,资金的缓解,市场资金的缓解是股市见底的重要指标之一。

最后,新股的发行。市场需要对新股的发行建立一个选择的机制,不好的公司,或做假的券商很难发行或承销股票。只有这样才能达到一二级市场间的均衡和共识。

当然,只有当市场达成上述共识,股市的底部也许就在眼前了。

做个戴着眼罩拉磨的驴子

动物与投资，似乎风马牛不相及。

以前经常听人讲华尔街与大猩猩的故事，说的是华尔街的投资精英们精心选择的股票投资组合，收益率还比不上大猩猩玩飞镖随意选中的股票组合高。这个故事真实性姑且不论，人虽然是万物之灵，但可别小看了动物，它们身上还真有我们可以学习的投资技巧。

比如说大家都知道驴子会拉磨。驴子习惯于朝前走，而拉磨是绕圈圈，所以拉磨的驴子一般要被罩住眼睛。当驴子被戴上了眼罩，它就拉着磨盘不停地转啊转，自己觉得走了很远很远的路，其实依旧在原地打转，不过白花花的面粉就出来了。不管周围有什么干扰，驴子都不知道，它只会坚定地走下去，直到面粉磨出来。

在现实的投资生活中，我们之所以不能坚持长期投资，就是因为每天都习惯于关注市场和基金净值的涨跌，一点点风吹草动都会干扰我们的意志，最后一次次功败垂成。

我们知道，投资中的长跑将军并不一定是常胜将军，即使是最伟大的基金经理也难以回避低潮期的侵袭。如全球著名的基金经理约翰·邓普顿,在管理基金的 30 多年中,既有过连续 3 年跑输基准,也曾连续 9 年超越基准,最终投资人 1 万美元的投资增长到了 63.25 万美元,而如果投资道—琼斯工业平均指数,相应收益则仅为 3.54 万美元。

可见,优秀的投资者不仅需要慧眼发掘,同样也需要足够的耐心等待。也许正因如此,在晨星统计的包括太平洋投资管理、富兰克林·坦伯顿、先锋基金等一批出色的美国基金公司,都将基金经理薪酬与 3~5 年的长期业绩挂钩,而非仅看一年的业绩。

而对于普通投资者来说,也不妨学学驴子拉磨,选定优质基金或者股票后就坚持尽量不看或很久才看一两次大盘,牢牢地拿在手里不折腾,这样反倒更容易经受住市场涨跌的考验,真正收获到可观的投资回报。

特别是如果你选择的基金在过去曾有很好的记录但目前表现不佳,你要耐心。好的投资管理人可遇而不可求,一旦碰到了就别轻易放弃。投资业绩的波动是周期性的,最优秀的投资家也会有某段时期甚至较长时期表现不如基准,尽管他们的管理费高出指数型基金不少,但这几个百分点按复利计算后意味着你的财富在若干年中将获得更显著的增长。

"土拨鼠"哪里去了？

记得上大学的时候，教授讲过这样的一个故事：

有三只猎狗追赶一只土拨鼠，土拨鼠钻进了一个树洞。这个树洞只有一个出口，可不一会儿，从树洞里钻出了一只兔子。兔子飞快地爬上了另一棵大树。慌忙中兔子没站稳掉了下来，砸晕了正仰头看的三只猎狗，最后，兔子终于逃脱了。

故事讲完后，教授问大家："这个故事有什么问题吗？"大家提出了很多问题："兔子不会爬树"、"一只小兔子怎么可能同时砸晕三只猎狗呢"……直到再也没人能挑出毛病了，教授才问大家："土拨鼠哪儿去了？"

很多人做事往往容易受干扰，常常把所有的注意力放在半道杀出的"兔子"身上，而把原始目标抛到九霄云外了。

投资又何尝不是如此。

可以说千万个投资人进行基金理财的目的有千万个，但财富的增长则是共同的目标，但在实际基金理财生活中，很多投资者的理财目标很容易动摇或放弃，现代发达的资讯又时时刻刻刺激我们心中的"贪婪"和"恐惧"。

　　很多投资者在开始买基金或作定投时都能够理性设立目标，制定投资计划。但却很容易受到各种资讯或周围人的干扰，一有风吹草动就频繁买进和卖出基金，或者更换基金品种，最后劳心劳力，反而亏得厉害。

　　其实，无论将钱存银行也好，买基金也罢，买楼买什么收藏也行，需要记住的是这些东西都只是一种工具，一种持家理财的方法而已，最主要的是我们自己要过自己的生活，找准哪种方法更适合自己，确定自己的理财方法和目标，然后一直走下去。

　　投资是长期的过程，而且它有各种风格，很难说哪一个风格在哪个时段表现得最好，只有长期才能战胜自己、战胜市场。投资首先要定下长期目标，这样心态才能平衡，才能坚持自己的风格。

　　就像足球比赛一样，不到最后时刻，结果永远是个未知数。暂时的"浮亏"或许让人气恼，但只有坚持"打完全场"，才有可能成为赢家。

猎豹和赛马的启示：再谈资产配置

森林里，要举行一场大规模的赛跑。最擅长赛跑的猎豹、赛马、猎狗等动物几乎全部上阵。赛前，狮子作为庄家开出了赔率和盘口，跑得最快的猎豹成为赔率最高也是最被其他动物所看好的。可是狐狸却偏偏压了赛马。

规定的比赛时间是整整一天，路线要穿过森林、草原和荒漠，极为复杂。比赛开始，领跑的自然是猎豹。这时候，赌其他选手赢的动物们看到猎豹的优势如此明显，纷纷改为支持猎豹。可是，比赛最后冲过终点线的却是赛马。

事后，狐狸道出了其中的缘由："短途赛跑没有谁比得过猎豹。但是这次比赛却是很长的一段路程，猎豹显然耐力不足。而且比赛周边的环境又是非常复杂和困难，因此我相信赛马的经验和判断力会在这个过程中起到决定性的作用，何况它跑得也并不慢。"

关于这则寓言，我们从理财投资组合的角度可以得出：一个理财品种在中短期暂时没有很高的收益，不代表它在长期的投资过程中也没有可靠的收益。

再延伸开去，我们也可以得出：资产配置的重要性。在一般情况下，投资是一个长期的过程，我们要选择"赛马"型的理财品种，也不能忽视"猎豹"型的理财品种。

因此，最佳的投资组合就是长短期投资收益相结合，选择好的"猎豹"跑短线，如货币市场基金、7天或者10天短期理财产品，再选择耐力好的"赛马"跑长线，如股票型基金，这样的组合可以帮你最大限度地降低风险、提高收益。

不论选择何种投资理财方式，都要兼顾流动性和收益性。理财的目的，是让我们最大限度地确保本金安全的同时获得高收益；在保持资金安全的基础上增加收益性。收益应服从于流动性与安全性。

对于普通投资者来说，千万不能简单地将自己的资金对半开，而要根据实际情况，特别是根据资金流动的需求来制定适合自己的最佳理财方案。总之，选择投资组合时，既要考虑"速度"，更要兼顾"耐力"。

告别盲目的"旅鼠投资"

在北极圈里,有一种动物繁殖能力最强,那就是旅鼠。它们一年分娩七八次,每次分娩可以生产 12 个幼崽,仅 20 多天后,幼崽即可成熟发育。可以做一个计算:如果一对旅鼠从 3 月开始生,然后子生孙、孙生子,到了 8、9 月就可以生到数十万只。

它们为什么叫作旅鼠呢,就是因为旅鼠在数量急剧膨胀之后,会发生一种现象:所有的旅鼠开始变得焦躁不安,到处叫嚷,跑来跑去,并且停止了进食。旅鼠们勇敢异常,充满挑衅性,肤色开始变红。它们聚焦在一起,盲目而迷惘,忽然有一天,这些小家伙们开始向一个方向出发,形成一队浩荡的迁移大军,一直走到海边,然后从悬崖上跳进大海。不停地游泳,游到疲劳而死。旅鼠毫无自己的目的,只是盲目的追随大家而走向了死亡之路。

在股市,有很多的投资者没有自己的判断选择,盲目地进行"旅鼠投资"——随大众,这些盲目的投资行为,与旅鼠的盲目走向死亡之路的行为没有什么区别!

对投资者而言,"人多的地方不要去"乃是值得铭记在心的箴言。

"人多的地方不要去",简单的一句话,却道出了股市的一个投资现象——股票市场人多的地方往往就是容易输钱的地方,在大家都盯着热门股的时候,事实上这些股的风险已经在加大了,这时与其追涨,倒不如另辟新路,转换投资思维,去选择那些严重超跌的、价值被严重低估的股票。

收益差 10 倍："万元户"的不同命运

还记得"万元户"这个词吗？20 年前，"万元户"曾是新闻的焦点、人们羡慕的对象。1987 年，城镇职工平均年工资为 1 459 元，1 万元相当于普通人将近 10 年的收入。

当年的"万元户"，如果采用不同的投资方式，到了今天会有多大的区别呢？我们不妨来看一下。

首先，如果选择将钱放在银行，做一年期定期存款并到期滚存。按照 2010 年的实际利率计算，那么截至 2009 年底，这笔存款扣除利息税后收益仅为 2.76 万元。

如果当年的 1 万元不是只选择存款，而是参与了股票市场的投资，那么情况会大有不同。假设 1989 年末仍然存入 1 万元做一年期定期存款，但在 1990 年底（我国 1991 年设立证券市场）将存款取出连本带息全部投资"上证指数"，每年获得与市场一样的平均回报，那么截至 2009 年末，以上证指数的实际收益率作为测算，该笔投资的终值是 28.59 万元——收益比仅仅做定期存款多了 10 倍。

由此可见，投资的不同方式给理财带来的差异，可以这么说，不同的理财习惯将会大大地改变个人甚至家庭的命运。

在当下,"万元户"、"百万元"都已经司空见惯,但都面临同一个问题:我们又该如何让自己的资产保值增值呢?

笔者认为,如果国家宏观经济处于稳定增长的大环境中,基金定投不失为一个对抗货币贬值、平滑市场波动的简单投资方式。

假设我们从1990年底开始定投一只指数基金,每月月底投入1 000元,那么截至2009年末,共19年累计投入本金22.8万元,账户的参考市值为88.2万元,收益率达286.8%,远高于采取一年期定存滚存的45.2%的收益率。

值得注意的是,除了对抗通货膨胀,定投还有一个很大的优势就是能平滑市场波动。假定我们定投5期某基金产品,每期投入500元,该基金在五期定投中的份额净值分别为1元、0.9元、0.8元、0.9元、1元,我们可以看到通过定投的方式投资之后,投资人的平均成本为0.91元,虽然期末的净值与期初净值相等,但我们的账户却是盈利的。

鸟的忠告：弱市投基有技巧

一天，猎人捉到了一只鸟。鸟儿说："放了我，我会给你三个忠告！"

猎人说："你先告诉我，就放了你。"鸟儿说："第一个忠告：做事不要后悔。第二个忠告：别人告诉你的一件事，你认为不可能的就不要相信。第三个忠告：当你爬不上去的时候，就不要费力去爬。"

猎人实现了承诺。鸟儿飞向了树梢，对着猎人大声喊："你真蠢，我嘴里有一颗大明珠，你竟放弃了它。"猎人一听很想再次捉到这只鸟，便费力地爬上树梢，当他爬到一半的时候树枝断了，他掉了下来并摔伤了双腿。

鸟儿嘲笑起了猎人："你这个笨蛋，我刚才告诉你的忠告你全忘了。你首先后悔放走了我，其次轻易相信我说的话，我这么小的嘴里怎么会放得下一颗大明珠呢？最后自不量力爬树，结果摔断了双腿。"

这则故事对我们的投资有什么启示呢？我们在投资的过程中经常会出现这三种情况：经常"后悔"买错了股，谁知道往往刚刚出手，它就大涨；经常"听信"各种小道消息、题材，满腔热血的去追逐热点,到头来饱受消息之苦;还经常"追涨杀跌",什么股票涨得好就跟随,不顾已被高估,结果被套,时间久了,往往又在地板价上"割肉"出局,亏了个大满贯。

在"后悔—听信—追逐"中把握不住投资的机遇,这是很多投资者正在面临的问题。同样在我们目前这样的弱市中进行基金投资也要听懂"鸟的忠告"。

第一,对于处于"浮亏"状态的老基金,切不可盲目全部赎回。建议投资者多几分耐心,静观其变。如果持有的是历史业绩出色且表现稳定的绩优基金,也有可能跑赢市场,获得不错的超额收益。

第二,基金定投需坚持。在市场低迷期选择停扣并不明智,此时正是发挥定投摊薄成本优势的时候,如果放弃也就等于放弃了在低位吸筹码的机会,市场下跌阶段中固定的金额申购的份额会越来越多,也就积累了较多的低价位筹码,市场转暖时收益反而会增大。

第三,考虑投资固定收益类产品,如债券型基金、货币型基金等。在经济低迷期,央行往往通过降息来刺激消费、促进增长,债券市场往往会由于基准利率下调和资金流入而走强,此时投资债券型基金能够较好地规避股票市场的风险。而货币型基金因具有较高的安全性、流动性,且买卖零费率,收益往往高于银行活期存款,是个人理财良好的短期现金管理工具。

抛开基金投资中的"驴子"

这是 15 世纪流传于突厥语系国家的一则故事。

有一次,摩拉·纳斯鲁丁骑着他的驴走路,一个朋友问:"纳斯鲁丁,你去哪里?"纳斯鲁丁说:"告诉你实话,我不知道,不要问我,问这头驴。"那人被弄糊涂了,他说:"你是什么意思?"摩拉·纳斯鲁丁说:"这头驴既强硬又顽固。当我路过一个市场或城镇,如果我坚持我们应该走这条道,它就坚持要走另一条道,在市场里它变得滑稽可笑,我成了笑柄。所以我立了一条规矩,无论它去哪里,我都跟着它。每个人都以为驴子跟着我,但那不是真的。"

看完这则故事,会不会有熟悉感?这头又强硬又顽固的驴子,是否也在你我的生命中存在?这骑驴的人,是否让我们如此熟悉?当然,不同的是,纳斯鲁丁在于走路,我们更多的则是投资。

有没有想过,当时的我们是如何选择的第一只基金?有人因为当时的市场比较好,选择了在银行买新基金;也有人因为周围同事、朋友、邻居购买的基金涨得不错,所以跟着买了同样的基金;剩下的则秉持"最优基金论":排名前三甲的基金自然是最好的选择。

比如我们购买基金之后,投资者大多会选择每天都看看净值变化,看看是否涨跌,涨跌的幅度。在市场震荡的时期,基金净值往往是起伏的,一些投资者会受不了煎熬而选择了赎回。就这样,我们主动地沦为了"驴子"的一员。

"驴子"给予的方向也许是繁花似锦,但更多的则是艰难险阻。对于投资者来说,我们的每一份资产都是自己辛苦所得,如果一味地盲从别人,而不从自身实际情况出发,那显然是很不负责任的,毕竟,损失只能由我们自己来承担。

从本质上来说,基金是一种信托产品。信托,意为信任、托付。信任,我们就不会为基金的短期波动而担忧,更不会频繁买卖而劳心劳力。更何况基金不是一种让人通过投机获得短期收益的工具。投资基金,只有在相对长期的投资过程中,市场波动的风险才能被最大程度的稀释;投资者才能更充分地分享社会经济增长的成果,让投资资金实现复利的增长。

专业的事,交给专业的人去做,这是笔者所要阐述的观点。我们需要做的,就是忘掉"驴子"的存在。

3 经验警世的基金理财

巴菲特的忠告:建立一笔备用金

对于全球数千万的投资者来说,有一封一年一度的来信,在物质和精神上都不应该错过——只因为执笔的老头叫巴菲特。

巴菲特,世界著名大富豪,也可以说是史上最成功的股市投资者,每年都会给他的投资公司伯克希尔·哈撒韦的股东们写一封信。最新的致股东信(编者注:2011 年)不久前出炉。对于所有的投资人来说,信中往往会蕴含一些宝贵的"投资经",今年也不例外。

在长达 27 页的信中,有一节是"生命与债务",讲述了巴菲特的爷爷总结巴菲特家庭人生幸福的第一大秘诀:建立一笔备用金以防万一。用中国话就是有备无患。

巴菲特把爷爷的备用金原则用在投资上,成为自己投资取得长期成功的第一大秘诀:尽量不要借债,财务杠杆可能会置企业于死地,同时建立巨额的备用金,既可以防范风险,又可以迅速抓住难得一见的投资良机。

巴菲特在信中说,作为确保生存的前提之一,变现能力至关重要。在伯克希尔公司,我们习惯手上至少保持 200 亿美元的现金,既可以使我们抵挡出乎意料的巨大损失，又可以让我们迅速抓住收购企业或者证券投资的机会，"在美国经济突然爆发的金融危机时期，其他人为了生存乱成一团时，我们在财务上和情绪上都弹药充足地准备开始反击。"

巴菲特向股东传达出的信息对你和你的钱来说意味着什么呢？

建立一笔备用金以防万一，这个人生道理和投资原则听起来似乎太简单了，普通老百姓都明白有备无患的道理，并不代表每个人都能做到，尤其是始终坚持，很难做到。

在我们的理财生活中，同样需要保留部分存款作为日常生活的应急备用金，数额以 3～6 个月的支出为宜。而基于紧急备用金的特殊用处，它的安排应该满足两个条件：其一，流动性要高；其二，风险要低。

综观理财市场上的产品，能满足上述两个条件的只有货币市场基金。尤其是在市场震荡、方向不明的时候，投资货币型基金，一方面可以持币观望，等待市场形势明朗，再转换成其他的理财产品；另一方面，可以保持资金的流动性以备不时之需，并且获取一定的收益。

警惕"晕轮效应"误导你的投资

在日常生活中,我们常常遇到这样的情景:有的老年人对青年人的个别缺点,或衣着打扮、生活习惯看不顺眼,就认为他们一定没出息;有的青年人在恋爱期间,由于倾慕异性朋友的某一可爱之处,就会将其看得处处可爱,真所谓"一俊遮百丑"。

上述案例中,发挥作用的都是心理学家所说的"晕轮效应",或者说"光环效应"。这是人类一种奇怪的思维习惯,我们会把对事物某一方面产生的强烈印象套用在对该事物其他方面的评价中,这就像大风天气,月亮周围的光环(亦即晕轮)是月光的扩大和泛化一样。

在投资决策过程中,我们也经常不知不觉地受到"晕轮效应"的影响。如投资者经常喜欢买入曾经给自己带来过盈利的股票,或者购买大基金公司旗下或明星基金经理掌舵的基金。同样,如果投资者认同某个基金公司旗下的一只明星基金,该公司的其他基金也会带上光环。晕轮效应就这样发挥出了魔力。

事实上,一家公司的光环可以来自很多方面。投资者都认为自己对股票和公司管理者状况做出了独立判断,但看法和看法之间不可避免会相互影响,结果通常是投资者在上涨行情中会过于乐观,而在下跌行情中则过分悲观。其实事情的本质并没有变,变的只是我们对他们的看法。

那么,如何避免晕轮效应误导自己的投资呢?高明的方法是,承认晕轮效应的价值,但不要让它们主宰你的价值判断。

首先列出一些你认为能够带来较高投资回报的客观因素,比如债务在总资本中占比低,利润增长稳定,股权收益率高,市盈率低,曾经成功提价而未引起客户流失等。

然后,面对潜在投资目标,你可以用同一标准(比方说,0 为最低,5 为最高)给上述财务因素逐一打分。最后加上一个"光环"主观因素,即你对每家公司及其管理层的直观印象,也按照同样的尺度进行评分。

最后将所有分数相加,除以因素的数量,平均分最高的就是你应该优选的公司。通过这种方式,即便你接受了一家公司存在光环的现实,也不至于在光环前彻底迷失方向。

克服投资中的"七情"

情绪对基金投资的影响无时无刻不存在着,特别是俗话中"七情六欲"的"七情"。

何谓"七情"?"七情"——"喜、怒、哀、惧、爱、恶、欲",源于《礼记·礼运》,"七情"是人的本性,"七情"容易引发冲动,冲动是收益的魔鬼。市场涨涨跌跌,人的情绪也与之潮起潮落,受不同情绪影响,投资者会做出不同的投资决策,进而影响到投资收益。

例如,初始投资 1 元的基金涨到 1.50 元时并不一定能为投资人带来喜悦,因为这只产品曾经创造过 2.00 元的净值纪录,1.50元带给投资人更强烈的感受不是盈利 0.5 元而是亏损 0.5 元。

从另外一个角度来看,大家丢掉 100 元所带来的不愉快感受要比捡到 100 元带来的愉悦感受强烈得多,投资者在股市上亏钱的挫折感也远大于赚钱的愉快感。

虽然大家都知道"行情总在绝望中诞生"的名言,但在实际的投资中,人们却很容易受情绪的摆布。特别是在熊市的悲观语境下,人们接触到的大部分信息都偏负面,同时,人们对信息的分析也会变得缓慢而警觉。任何细微的刺激信息都可能触动投资人不安的神经,并促使人们主观放大消极结果的可能性。最终表现出较强的风险规避偏好,错失低点布局的机会。

一般来说,参照点、时间、情绪构成的认知"三原色"是产生投资"七情"的根源。投资人往往把基金的收益和业内最优或过往最好的业绩相比,而无法客观评判基金。此外,基金业绩受市场短期波动、风格转换等因素影响,短期业绩评测的意义不大。特别是非同类型的基金比较,以及过短期限内的业绩考量,只会给投资人的基金选择带来误导。

虽然投资"七情"几乎是每位投资者与生俱来的投资心理,但笔者认为,通过对投资"七情"科学合理的认知和适当的调整,遵守一定的投资纪律和方法,如定期检查自己的产品状况和投资组合,可以实现投资组合和投资收益的最优化,避免投资者出现因情绪投资导致的非理性决策。

比如择机与择时是基金投资的两大要素,为基金业绩与点位水平选择合理的参照点至关重要。在中国多宽幅震荡的市场环境下,以年度为考核周期的方式有利于观察基金业绩的持续稳定性。而对于市场点位的认知,市盈率的高低是最为有效的评判标准。

如何避免投资中的过度自信？

改什么都容易，改变思维定势难。

当你判断市场会上涨时，突然之间，各种预示市场上涨的消息源源不断。而当你买入一只股票或基金时，看到同样看好该股票或基金的文章时就会格外兴奋，哪怕写文章的人是一个你平素不太喜欢的作者。

说白了，你的头脑就像是一个唯命是从的人，不管你愿意相信什么，他一概唯唯喏喏。心理学家把这种精神幽灵称为"确认偏误"（confirmation bias）。心理学家们认为，在精神上，人人都是懒汉。把注意力集中在支持我们假设的材料上，相比寻找可能证明假设有误的证据，要容易得多。

人们也很容易不讲道理地找各种借口。我们都很擅长于编造事后的解释，来为自己预测的落空开脱。我们说，失败是因为就差一点点，"要是 X 出现了，股市也就涨了"；"要是没有这种意外，我99%都说中了"。

这种现象，也被投资大师查理·芒格称为"避免不一致性倾向"——人们更可能寻求对已知证据的确认而避免考虑相反证据，就像当我们对一个人产生了"第一印象"的时候，往往不愿意轻易推翻它。

那么，在投资上怎样克服确认偏误，也就是过度自信呢？

专家建议，先假想在"预见未来"时看到自己投资失败，然后找到为什么会失败的最有说服力的理由。这种练习可以帮助你意识到，你所相信的东西可能并没有你想的那么有根据。

估计一下自己的分析出现失误的可能性。如果承认出现不良结果的可能性是 20％，那么就是说，事实将证明你每 5 次有 1 次出错。这样，如果投资确实出现失误，你一个劲地做事后分析、证明自己仍然正确的可能性就要低一些。

例如，在买进某只股票和基金之前，看有什么事情会让你想卖出，用笔头记下来。如果这样的事情发生了，那么在你所记下的白纸黑字面前，你就不那么容易假装什么也没有发生，或者假装事不关己，高高挂起。

与确认偏误或者过度自信的斗争永无止境。但如果你不去克服头脑中的这个幽灵，要在市场中取胜，则连一丝机会也没有。

听从"市场先生"的指挥棒

在岁末年初的时候,包括券商研究所在内的各大机构,会对来年整体 A 股市场走势进行预测,但是到年末的时候,我们回头来看,鲜有预测准确者,问题就来了,投资者应该何去何从?

著名投资大师巴菲特告诉我们,我们应该尊重"市场先生"(Mr. Market)。"市场先生"的概念,最初是由巴菲特的老师、现代证券分析之父——格雷厄姆——提出的。格雷厄姆认为,股票价格受股票市场的因素影响很大,这种市场因素变幻莫测,非人力所能控制,堪称一位博大精深、神秘兮兮的"先生"。

这个家伙有个毛病,就是感情脆弱。当"市场先生"心情好时,看到的都是对企业发展的有利因素,会报出很高的价格;但当他意志消沉时,看到的只是对企业甚至全球的悲观失望,就会报出很低的价格。

很多时候,我们不得不再次感慨市场的变化真的很快。"市场先生"似乎在说,过去能够令你取得成功的投资经验和规律在未来也许并不适用,而且经常会被打破甚至是彻底颠覆。

因此,对于投资,仅仅认识并承认变化是不够的,还必须具备对变化做出快速应变的能力。我们看到，即使在 2008 年 A 股市场普遍大跌的情况下，仍有不少股票取得了正收益。实际上，市场任何走势下，都会有投资机会及优异标的行业，只需要一双慧眼，读懂"市场先生"的指挥棒。

其实"市场先生"每天都在说话，告诉我们应该买入哪些股票或者什么时候该卖掉股票了，但这些声音可能是隐秘和微弱的，需要我们细心的聆听。而一旦你学习聆听市场的声音，你会发现只有市场告诉我们的建议才是最为客观和准确的——让市场告诉我们买入什么，而不是我们告诉市场什么值得买。

买股票如是，投资基金亦如是。

经过剧烈的市场动荡后，投资者都意识到资产配置、分散风险的重要，一味追求高回报的"冒险投资"有所改观。而货币市场基金由于良好的抗风险能力和较高的流动性成为了个人和机构投资中不可忽视的配置品种，合理配置货币市场基金将有助于投资者安然度过市场的动荡期。

事实上，"市场先生"已经说话：2011 年以来，在股市、债市的盘跌市况中，理财市场中最耀眼的"明星"就是货币市场基金等低风险类产品。

以"愚者"的心态去敬畏市场

养金鱼的人都知道,如果一直给金鱼喂食,那么它们不管饿与不饿都会一直吃,直到撑破肚子。

类似的,有些投资者买的股票或基金就算已经积累了可观的收益,却因为想要赚更多,不但不懂逢高出场,甚至还在高点中不断加码,直到行情反转仍然不放手,只能眼睁睁地满仓看着市场飞流直下,抱憾而归。

造成这种局面的原因还是在于心态。有时候,有正确的投资方法并不一定能取胜,还要具备良好的心态。而在投资过程中,人们最常遇到的一个心态就是贪婪。

贪婪,这个词在投资领域并非完全贬义。人们提倡合理、合法地追求最大的投资利益,这不为贪;但当贪婪超出一定限度并可能导致重大失败时,这就是通常意义上的贪婪了。

在投资交易中,绝大多数人是以"智慧者"的身份来到这个市场,他们相信凭着自己的能力完全有可能认识和把握市场,正因为这种心态,往往导致其盲目乐观。而事实上,他们也大多铩羽而归。

不止一个智者告诉我们：对市场始终要抱着敬畏之心。

人类对于事物的认知是有限的和不完整的，这就意味着"市场既可以被认识，但又充满着未知的领域"。正如人类对宇宙的认识一样，全部的知识相对于浩瀚的未知世界只是沧海一粟。人们追求成功，但是与生俱来的那种"智慧者"的行为习惯和思维方式，在很大程度上有拒绝成功并趋于失败的内在倾向。

这就往往可以解释，为什么成功、运气却往往与那些以谦卑、愚者的身份出现在市场上的投资者相随。那是因为他们只做自己能够认识的那段行情，也许为此而放弃了许多看似波澜壮阔的大行情。

投资这点事儿，我们需要学会"愚者"的心态——割舍眼前的利益和抵制行情的诱惑，例如，放弃看似行情很大但难以分析和把握的市场，放弃一些不确定因素较多或是条件不够成熟的投资机会；在交易不利的局面下随时做好止损离场的思想准备；在交易有利的局面下，如果市场的前景显得难以揣测，那么也要选择主动性离场。

所有这一切的目的只有一个：保存自己。放弃眼前的得失，是为了今后在市场中赢得更大更稳定的收益。没有放弃就不可能得到，也就谈不上在投资市场上的生存与发展。

善用"市场表决器"

对金融市场疑问的最有趣回答,有时候还是来自于科学实验室。

证券市场的潮起潮落原因何在?投资者为什么表现得像一群鱼一样,全都一窝蜂地改变方向?

《当代生物学》(*Current Biology*)杂志近期发表的一份研究报告发现,当别人说某件东西比你原来想的更有价值时,你就有可能越是看重这件东西,当别人说这件东西没有你原来想的那样有价值时,你眼中这件东西的价值就下降了。更令人注意的是,如果你对这件东西价值的评估和其他人所说的一致,那么你大脑中一个专门处理奖励的部分就立即高速运转起来。

也就是说,投资者常常随群而动的原因,从最基本的生物学层面来讲,在于随大流感觉很好。从众不仅让投资者有一种"人多势众"的安全感,而且还能感受到快乐。

这或许有助于对 2010 年的市场做出解释:为什么市场情绪可以如此快速地转换——从 2010 年 4 月 14 日~7 月 2 日不足 3 个月的时间里上证指数暴跌 24.74%,而到了 9 月 30 日~11 月 8 日 1 个月的时间里又暴涨 18.97%。同样,这或许我们也能解释为什么真正的反向操作者如此难以找到,为什么投资者对股评家们的"共同观点"如此在意。

为什么其他人对某种东西的评价有可能导致你改变自己的评价呢? 这是因为,他们的评价有可能让你不确定自己对不对;当你和其他人意见一致时,你可能会变得更受欢迎;或者是因为,与专家意见一致有可能让你觉得自己也是专家。

价值投资宗师本杰明·格雷厄姆(Benjamin Graham)写道,市场并不是一个"称重器",不是每件东西的价值都以一种精准、客观的机制根据它的具体素质记录下来。相反,市场是一个"表决器",有无数个人提交他们的选择,这些选择一部分是理智的结果,一部分是情感的结果。

所以,如果买个股,应该注意到大流是什么,然后反向而行。应该在投资者蜂拥逃出、把一只股票的价值踩扁的时候注意到它。52 周新低名单是一个粗略的指引,告诉你这个"表决器"最近是在抛弃哪些股票。然后启动你自己的"称重器",研究这家公司的财务报表、产品和竞争对手,来确定其业务的价值——同时忽略该公司股票的当前价格。然后从头到尾地记下你做此投资的推理过程并永久保存。

通过这样做,在人群开始要把你裹挟而去之前,你自己就已经站稳了脚跟。

投资选择题：风险与收益

有这样一则故事，把收益和风险状态下的心理变化的演变过程描述得淋漓尽致。

有个人小的时候进林子里用捕猎机捕鸟。捕猎机像一只箱子，用木棍支起后，木棍上系着的绳子一直接到隐蔽的灌木丛中。只要小鸟受撒下的鸟食诱惑，一路啄食，就会进入箱子，这时只要一拉绳子就会大功告成。他支好箱子，藏起不久，就飞来一群小鸟，共有 9 只。大概是饿久了，不一会儿就有 6 只小鸟走进了箱子。他正要拉绳子，又觉得另外 3 只也会进去的，再等等吧。等了一会儿，那 3 只非但没进去，反而走出来 3 只。他后悔了。接着，又有 2 只走了出来。如果这时拉绳，还能套住 1 只，但他对失去的好运不甘心，心想，总该有些小鸟要回去吧。终于，连最后那只也走出来了。

这个人的经历在投资市场被"复印"到无数个人的身上。在股市中也常常出现这种心理，盈利了没止赢，使盈利变为亏损。亏损了不止损，导致亏损更大化。由于行情是动态的，价格实时变化，有时看似有收益的操作，转眼可能就风险突现；有时看似风险极大的操作,可能转眼就峰回路转收益颇丰;有时收益和风险在未发生时是很难看出来的。对于一名交易者来说,无论什么样的机会摆在面前,如果没有行动,就不可能赢得任何机会。错过了机会,剩下的就只有风险。

有时是很矛盾的,面对收益和风险总有一些无奈。但只有了解了收益和风险状态下的心理变化的过程,才能正确地调整交易心理,使交易者在千变万化的行情中正确面对行情波动过程。不论是收益还是风险,在发生时心理变化是导致最终结果的主要因素。

从某种意义上说,投资学所涉及的无非是风险与收益这两大话题。不愿意承担风险是绝大部分人的本性,可是我们又想得到尽可能高的回报。

不论是股票型基金还是个股,短期内都有可能出现大幅下跌,但两者也有不同之处:一只投资分散的股票型基金,如果它出现了下跌,几乎可以肯定它总有一天会反弹回来,并在长期内可能给你带来可观的回报。但如果你持有的一只个股大幅下跌,无论你再等多久,都不敢肯定它哪天会反弹。

高回报意味着高风险,但是高风险并不意味着高回报。对于许多投资者来说,后一句话比前一句话来得更为重要。

投资"不要到人多的地方去"

与朋友见面聊天,投资总是一个永恒的话题,如房子、股票、基金等。上周和一个多年不见的朋友见面,一阵海阔天空的胡侃之后,就说起他的辉煌炒股史。

朋友是一个非常怕老婆的人,以前烟不离手、酒不离口,每天晚上不是泡网吧就是打麻将,生活没有规律,上班无精打采,可是自打结婚以后,这些陋习统统不见了,自然是他老婆的功劳。

最近几年,朋友又奉老婆之命入市炒股,而且炒得很成功,屡有斩获。很多股友向他请教股市制胜绝招,朋友说:"也没有什么绝招,我只是比较怕老婆,老婆说什么话我就照做,所以,就一直赚钱了。"众人都认为他老婆一定是位投资高手,连忙询问有什么绝妙的炒股方法。他说:"我老婆不准我到人多的地方去,所以,我每次看你们大家都买了,我就卖出,如果大家都卖了,我就买入,因此,就不知不觉地赚钱了。"

"人多的地方不要去",简单的一句话,却道出了股市的一个投资现象——股票市场中人多的地方经常就是容易输钱的地方,在大家都盯着热门股的时候,事实上这些股的风险已经在加大了,这时与其追涨,倒不如另辟新路,转换投资思维,去选择那些严重超跌的、价值被严重低估的股票。

自己找一找,把那些小小的、躲在犄角旮旯里的股票找出来。自己做功课好好分析,好好把握,相信自己,采取人弃我取的战术,说不定比跟着市场上的所谓热点混还要赚得多点儿。

道理很简单,猪肉涨价,大家一窝风地去养猪,但到它长大时,价钱已经下来了,赚钱的只是卖猪仔和卖饲料的,农民还是亏。美国发现金矿时,大家一窝风地去挖矿,但最后赚钱的只是做牛仔裤和卖水的,大多数人还是亏。这些都说明,我们在这个经济不断高速发展的社会里,找一条与众不同的前进道路对改变自己的现状是多么的有益。

男人千万不要怕老婆,但老婆正确的话一定要听,而且老婆的话常常是正确的,比如"不要到人多的地方去"。

投资是不是也是这个理?

投资也要参考个人生命周期

许多人进行投资的时候热衷于分析宏观经济形势,这种自上而下的思维方式没错,只是需要很高的专业性且准确性太难把握,而比这个更容易判断的是明确自己的财务需求和计划,遵循投资的"生命周期"。

曾经有一则关于一对父子抛售思科公司股票的故事让我一直记忆犹新。

一位在思科任职的高管在 20 世纪 90 年代初便建议自己的父亲买一些思科的股票,父亲照做了。到了 1999 年,这位父亲已经拥有了超过 700 万美元的思科股票,儿子在 1999 年运用股票期权也拥有了数百万的思科股票,有一天父子俩进行了一次重要的交谈,父亲决定抛售掉思科股票存入银行,父亲认为这笔钱将永远改变他的生活方式,儿子认为继续持有将获利更多。俩人采取了相反的策略。之后的故事你大概猜到了,父亲如今过着悠然自得的退休生活,儿子虽然没有在经济上遭遇困难,但仍然在思科卖力地工作,并且为当年没有在泡沫破裂前卖掉思科的股票而后悔不已,因为此后思科的股票跌去了 90%。

　　这样的故事其实屡见不鲜,你也许会认为判断父亲提前离场这种决策到底对不对,这都是事后聪明。父亲的明智之处在于,他对投资有着清晰的目标,即提前退休,一旦实现了他的目标,并且他认为不太可能出现更大的一波上涨的时候,就选择抛售。

　　事实上,对于大部分投资者来说,知道什么时候卖出也许比买入更难。尤其当投资变成了亏损,投资变成了一个没有计划、没有目标、有始无终的恶性循环。

　　我们要达到理财的目的,需要明确自己的财物需求和计划,并严格执行。例如根据生命周期即年龄来分层进行。比如成长期(20 岁以前)、青年期(20～30 岁)、成年期(30～45 岁)、成熟期(45～55 岁)、稳定期(55～65 岁)、退休期等不同的阶段,规划自己的理财。

　　我常常听到这样的例子:因为投资失误,原先准备买房的首付亏没了;因为投资失误,原先准备的留学的钱泡汤了;因为投资不利,养老的钱都搭进去了……投资确实很重要,但无论如何,投资不能代替生活中的其他重要决定和财务安排,不然就本末倒置了。

　　自己找一找,把那些小小的,躲在犄角旮旯里的股票找出来。自己做功课好好分析、好好把握,相信自己,采取人弃我取的战术,说不定比跟着市场上的所谓热点混还要赚得多点儿。

4 基金理财开心预备

- ◆ 没有足够的时间做不好投资

- ◆ 股市"长阴"的应对之措

- ◆ 以时间的长度考察业绩持续性

- ◆ 悲观传染的时候，学得贪婪一点

- ◆ 鸡蛋要不要放在同一个篮子里？

- ◆ 投资成长基金要耐得住寂寞

- ◆ 休息和等待也是一种投资方式

- ◆ 投"基"切忌头脑发热

- ◆ 每个投资者都该问自己的五个问题

没有足够的时间做不好投资

在与广大投资者接触的过程中，不止一次听到这样的经历：我知道那是一只好股票，就是拿不住。有的投资者说，几乎所有翻倍的股票都曾经买过，都是涨一点就卖了。这个问题实际上是长期投资者面临的真正困难，是长期投资者真正的挑战，也是关系长期投资者成败的硬功夫。

今天我们从另外一个角度来分析这个问题。有同事从美国买了一本华尔街投资专家的书，该专家提出一个观点——10 年间，如果把涨幅最大的 10 天抽走的话，总体的投资业绩就会少了约 1/4，换句话说，这 10 天中的 1 天可以顶 3 个月。

那么中国股市是否也具备了上述特点呢？看看数据：自 2000 年 4 月 28 日～2010 年 4 月 29 日，上证指数的累计涨幅为 81.73%。但在这 10 年的时间里，如果剔除涨幅最大的 10 个交易日，这 10 年的累计收益率为－1.95%。换句话说，这 10 天的收益超过了 10 年总的收益，实在是相当惊人；若是剔除涨幅最大的 20 个交易日，10 年投资收益率将变成－56.90%，换句话说，在过去的 10 年中，如果你错过了这 20 个交易日，在大盘上涨超 80% 的情况下，你最多将亏损 56.90％。

乍听之下，似乎很难让人接受，但结论的确如此。所以，您会常从报纸或朋友处得知买股票的大部分都亏了钱，上述研究也印证了这样的逻辑——做股票如果不坚持长期投资，就容易错过那些大幅上涨的日子，亏钱的概率加大也就不足为奇了。

上述信息给我们怎样的启示呢？

首先，短线交易实属不易。很多人会盘算：我如果只做 10 天，可以抵上别人 10 年，不是太棒了吗？说实话，我不相信有人可以做到，所以干脆断了这个念头。不少技术分析的朋友也大多没能精准预测，所以对没把握的短期投机尽可能不碰。

其次，时间是投资产生回报的重要因素。如同人们去买基金产生长期优良的回报率，投资者提供了本金和时间，基金公司或其他投资机构只是去选择投资标的，加在一起才能成就一个较好的长期回报率。而仅仅依靠经理人，没有足够的时间，是做不好投资的。

最后，时间是有价值的。投资如此，对个人来说也是如此，善用时间、充实人生才是最有意义的。

股市"长阴"的应对之措

2010 年以来，A 股竟然成为全球跌幅最大的股市之一。上周是 2010 年 5 月份的第一个交易周，沪指一周跌去了 6.35%，创 22 周以来最大单周跌幅，2 800 点和 2 700 点两大整数关口相继失守，市场哀声一片。面对如此猛烈的下跌，投资者对未来行情充满疑虑。

这种情况正常吗？请看一组数据：2010 年 1 月 4 日沪指收在 3 242 点，5 月 7 日收在 2 688 点，大跌 17.09%。而美国道指 2010 年以来至 5 月 3 日上涨 9.48%；英国富指 2010 年以来至 5 月 4 日微跌 1.62%；印度 2010 年以来至 5 月 3 日微跌 0.92%；俄罗斯 2010 年以来至 5 月 4 日微跌 2.31%；巴西 2010 年以来至 5 月 4 日下跌 4.11%。

这组数据说明什么？首先，与整天嚷嚷有大麻烦的英国与美国相比，率先以经济反转自称的中国股市反而疲弱不堪。其次，与"金砖四国"中其他三国相比，沪深股市的跌幅也很不象样。面对如此情形，投资者如何应对呢？

通常，在这样的情况下，我们应该做三方面的工作来应对，分别是:(1)背景评估;(2)决策;(3)执行到位。

首先要做的功课是"背景评估"。是中国经济比其他国家有更大麻烦？显然不是。尽管中国在结构调整方面还有许多事情要做,在发展方式上也有不少有待改变的地方,但是就当前正在上升阶段的中国经济来说,无论从哪方面看,都不属于那种走下坡路的衰退型经济,而是一种正在完善与提高的成长型经济。从这一点来讲,并没有多少理由可以看衰中国的资本市场。

有了上述的"背景评估"为基础,接下来要做的就是"决策"。其中的关键在于要判断此次下跌是否来自于总体经济向恶,如果是,应须撤离资金,如果答案是否,反而是"加码良机"。从上面的判断来看,现在应该是加码的时机。后段的决策,则是在什么时间、什么股价水平加码以及加码多少。当然,如果读者没有专门的时间和专业知识来研判个股走势,还是投资基金较为恰当。

最后要做的功课就是"执行到位"了。巴菲特有句名言:"要想成功,你就必须逆向使用华尔街投资的两大死敌:恐惧与贪婪。你不得不在别人恐惧时进发,在别人贪婪时退出"。我们推荐一种"正金字塔形—回档逢低买法"——大盘跌得越低,买得越多。如果以大盘3 000点为估值中枢,当大盘跌 3％～5％,也就是 2 910～2 850 点之时,可以把高风险基金(股票基金、混合偏股基金)的仓位提高到30％;当大盘跌 6～10％的时候(2 820～2 700 点),可以把高风险基金的仓位提高到 60％;当大盘跌 11％～15％(2 670～2 550 点),可以把高风险基金仓位提高到 100％。

好了,日出日落依旧,吃饭睡觉如常,自己能做的事情已然完毕,就让我们回到日常生活步调吧。

以时间的长度考察业绩持续性

针对许多基民目前"选基"的困惑，上周我们探讨了先要看基金的"及格线"，也就是基金业绩比较基准。今天我们再来谈谈另外一个理财利器——时间。

一般而言，任何一个学过投资学的人，大致上都知道，任何投资须考虑三个要素，即：投资报酬率、投资风险以及投资时间长短。对前两个因素，大家探讨的比较多，但投资时间，尤其是它的"相对性"，往往容易被忽略。其实，做好投资理财，正确方向与时间一样不可或缺。

以一个简单的例子来看，在1个一年期的期限中，赚5％和8％，对大多数的人，看起来相差不大。但是如果以15年投资期限来看，结果上的差距，便是108％和217％，也就是说差了109％。深入地来说，"时间的价值"，就是这个差距，所以"勿以善小而不为"，换言之，勿因小的报酬差异而不做好的选择。

道理虽然简单，但是大多数的人，包括我自己在内，很多的时候，都做不好。原因就是，我们是否"坚持了时间的长度"。

在选择基金的时候，时间同样是一个重要的选择标准。我们要看一只基金或一家基金公司的业绩时,最好以熊市和牛市完整的循环时间段来衡量。以 A 股来说,2007～2009 年的牛熊市就是可以考虑的一个时段。事实上,不少基金在牛市中表现抢眼,但是当熊市来临时却业绩垫底;也有基金在熊市里抗跌,但是一旦到了牛市中,业绩跑在了后面。因此,在一个比较长的时间段内及不同市场环境中考察基金,可以避免只看短期所带来的风险。

那么,投资者如何看待基金业绩的持续性呢? 首先需要用按同类型基金进行比较筛选;其次需要比较同样的考察区间;再次,用长远的眼光看业绩是否具有持续性,避免只关注短期业绩排名所带来的风险。

我们的建议是想好中长期的大方向,在可以负担的情况下,做中长期的投资,并且做好中长期的"思想准备"以及评估财务上"坚守投资",就不会在半途被"淘汰出局"。

悲观传染的时候，学得贪婪一点

悲观与贪婪一样，都具有传染性。因此，尽管A股罔顾中国经济复苏领跑全球的现实，2010年跌幅高居世界前列，但投资者仍然乐意把未来想的更坏一些。于是，"遭罪"的不仅是A股，还有新基金。一个明显的数据就是，截至7月底，2010年已经成立的股票基金平均首发规模只有15.75亿元；而在2009年，这一数据还是33.53亿元。

业界纷纷感叹"基金好发不好做，好做不好发"，这不禁让笔者想起了2008年。彼时，A股下跌的速度和力度更猛，投资者的信心一挫再挫，新基金的发行困境也比当前更甚——数据显示，在2008年，股票基金的平均首发规模为11.65亿元。但时隔一年之后的盘点中，人们却惊讶地发现，当时备受冷遇的诸多新基金，在2009年的一波强势行情中大放异彩，许多新基金跻身于当年基金业绩排行榜的前列。而如果和大盘相比较，这些新基金均轻松地击败了指数，以成立于2008年6月4日的信诚盛世蓝筹基金为例，两年来其收益率超越同期上证指数收益率近100个百分点。

如此看来，"当别人贪婪的时候，我恐惧；当别人恐惧的时候，我贪婪"。这句被许多股民奉为经典的"圣经",在基金投资中也同样适用。当基民们不敢申购基金时,表明市场的恐慌情绪已经极度蔓延,而此时,其实往往孕育着较大的投资机会。

因此,对于基民而言,恐怕目前不是抛弃基金的时候,而是进场的时机了。当前,基民最担心的,莫过于政策紧缩持续和中国经济下滑带来的投资风险,但历史的经验证明,尽管中国经济的快速增长频频遭到种种质疑,但最终却并未改变其增长的轨迹,而此次金融危机中,中国经济的复苏也是有目共睹的。虽然经济转型过程中可能会遭遇阵痛,但从中长期角度来看,这却是为未来的经济发展夯实基础。

反映在 A 股上,在经历了反复的杀跌之后,许多个股的跌幅已经颇为惊人,无论是从超跌反弹角度还是价值投资的角度,都已经出现了一定的投资机会。此时,基民或许应努力淡化自己的恐惧,而选择一点点贪婪了。

鸡蛋要不要放在同一个篮子里?

　　投资这档事,集中火力比较威猛还是散弹打鸟比较有效? 自古以来,两派不同意见的人就一直僵持不下。

　　在现实生活中,分散投资的主张比较主流,有很多理论著述对分散投资的合理性和必要性进行过分析。我们刚开始做投资的时候,就一直被教育"不要把鸡蛋都放在同一个篮子里",这句话也几乎成了每一位投资者的座右铭。

　　但是投资大师巴菲特就说过:"'不要把所有鸡蛋放在同一个篮子里'的观点是错误的,投资应该像马克·吐温建议的,把所有鸡蛋放在同一个篮子里,然后小心地看好它"。作为集中投资的代表人物,巴菲特数十年的核心持仓也就是3~4家公司。在他看来:"如果某个公司不值得你下重注,你就不要参与其中。"

　　事实上,这两种说法都没错,每一种理论都有它的道理。景气好的时候,几乎每一种理论都有效;景气不好的时候,就算再厉害的投资大师,也照样被套得动弹不得。我们必须从了解这些理论背后的局限着手。

　　"不要把鸡蛋放在一个篮子里"这句话的真义是让大家了解风

险是很难控制或预测的，为了避免单一市场发生崩盘的巨大损失让我们难以翻身，所以才建议我们不要将资产过度集中在某一个投资标的。但这同样会因为管理时间和精力的增加，产生新的风险，因为你得花很多精力盯着不同的"篮子"，在篮子差异性大的情况下，如果某些篮子没看好，同样会遭受损失。

因此，笔者认为，分散投资，那是对资金规模庞大的资金来说的，如公募基金、机构投资者。而对于普通投资者来说，如果自己做投资，要想获得更高收益，投资就应适当集中化。当然，"把所有鸡蛋放在同一个篮子里"的前提是你具备看好它的能力与胆识——要对投资标的有一定的把握，确定它基本是一只"结实的篮子"。

事实上，如果你不了解某项投资有多大风险，那么，你分散投资就真的有意义吗？如果你非常了解所投资公司，非常明白该公司的价值现在被低估了，这种情况下，有必要分散投资吗？

集中投资和分散投资的指导原则是什么？适度分散投资是必要的风险管理手段，但它是一个次要的技巧性手段，根本的风险管理在于你对投资对象价值度和风险度能否有较为精确的把握，这一点是风险管理的核心。当你确认某项投资的价值会越来越大，而当时的股价又严重低估的时候，就应该大搞集中，甚至强度集中。

投资成长基金要耐得住寂寞

"追求在长跑中胜出"是基金行业最为大众所知的一句话，但真正付诸实践且得到验证的人却屈指可数。短期排名就像一把达摩克利斯之剑，时时悬挂在头顶。

就如 2011 年以来的行情，成长股竞相"折腰"，殃及成长类基金业绩大幅落后。在这种反复震荡的形势下，那些想赚"快钱"的人有点扛不住了，每天看自己的基金净值忽上忽下乱窜，基金收益不但没有提高，反而持续缩水。在这种情况下，不少投资者把自己的投资困境归结为"不会买"基金。

然而，什么样的基金才是好基金，用什么来衡量呢？稍有投资经验的投资者对于基金公司的基金净值排名应该不会陌生，但细心的投资者会发现，每年基金业绩排名都会发生很大的变化——每只基金都可能会有阳春三月、得意春风，但也会遇上酷暑严寒、背时低潮。

从中国基金业 12 余年的牛熊历程看，在不同阶段曾有个别基金昙花一现，但把目光放远至三年甚至五年的时间，长期能为投资者赚钱的基金却寥寥无几。据统计，2006～2010 年，在完整跑完这

5 个年度的 76 只开放式混合型基金中,有 13 只累计收益率超过 400%,从晨星股票投资风格箱上看,这些长跑健将绝大部分属于成长型风格。

成长基金能长线胜出的关键因素在于中国经济为成长企业提供了丰富土壤,这反映在资本市场上,过去三年中,A 股市场涨幅最大的多是成长股;过去五年中,A 股市场涨幅最大的也是成长股。

但成长股投资要耐得住寂寞,才能分享伟大企业的成长收益。因为成长股有一个普遍的特点,那就是一年中可能就涨几个星期,其余的时间里基本在进行盘整,所以多数时候投资者都会很寂寞。很多人都曾经买过很好的股票,但是真正能耐得住寂寞获得巨大收益的人却少之又少。

基金投资不是赌博,不是一夜之间就能让自己的资本像滚雪球那样越滚越大,投资者所追求的终极目标应该是基金的未来和持久的业绩表现。基金投资的回报需要一个过程来实现,更需要一个正确的把控。

休息和等待也是一种投资方式

　　无数投资者带着希望来到证券市场，希望通过自己的聪明才智，获得资本增值或超值的收益。但很少人会意识到，市场才是行情变化中的主角，而投资者的表演不过是个不起眼的配角。而作为配角，自然应当留有足够的时间与空间给作为"主角"的市场，而不是自己忙忙碌碌——应当等待市场给出明确的方向，否则，忙碌的结局只能是虚空一场。

　　问题的关键是：为什么人们总是忙碌交易？这是欲望驱使的结果。当人们把眼睛盯在金钱而不是市场与自身时，总是会臆想行情的发生，并希望抓住而不愿丧失。电影《少林足球》中有句经典台词让不少人过目难忘，那就是"铁布衫"三师兄撂下的那句铿锵有力地"我一秒钟赚几十万上下，陪你去吃杂碎面？"实际上，这也符合不少人对于股市投资的印象，所谓"时间就是金钱"，低吸高抛的时机稍纵即逝，因而股市无休，折腾不已。但是到头来，大多数人手中的收益却寥寥无几。

　　笔者认为，能够挖掘有投资价值的行情固然重要，但是，能够发觉市场没有行情、或是承认看不懂行情，其意义更加重要。因为只有认识到这点,才会懂得休息与等待的价值。

休息和等待也是一种策略,但执行的人很少,按照巴菲特合伙人查理·芒格的说法,行动是人的天性。

巴菲特曾教给大家一个方法:用一张考勤卡来规范我们的交易行为。把你一生拥有的投资次数限定为 20 次,记在一张考勤卡上,每用一次就少一次的机会,在这样的规则之下,你将会真正慎重地考虑你做的事情,你将不得不花大笔资金用在真正想投资的项目上,这样你的表现将会好很多。

上述比喻里面已经包含了成功的投资者所必须拥有的个性素质:自律、耐心、冷静、独立。很多时候,进行交易是件很容易的事情,但抓住机会却实属不易。

正因如此,如果你并非短线高手,那么在发现市场没有行情或看不清市场方向的时候,休息和等待也是一种投资方式。就像巴菲特所说的:股市就是一个再交换中心,资金从积极人士之手流向有耐心之人手中。

投"基"切忌头脑发热

尽管许多专家都在强调:历史收益不能保证未来的投资成功。然而,正如吸烟者无视烟盒上的健康警告一样,投资者对这个最显而易见的股市投资告诫也熟视无睹。

日前,美国著名非营利智库机构"决策研究"在全美对投资者进行过七次网上调查。调查显示,投资者在股市上涨后对未来收益的预期就会增长,在股市下跌后对未来收益的预期就会下降。也就是说,投资者对未来一年投资收益的预测在很大程度上受到股市前一个月表现情况的影响。

对此,人们可能别无选择——投资者脑袋里有一个自动运行机制,会放大以往很短一段时间的投资业绩,形成对未来的投资预期。神经学家表示,人体脑部深处的细胞会对以往发生过的各种事情做一个滚动的加权平均计算,并把最大的权重赋予最近发生的事情。如果最新的投资回报好于长期趋势,这些神经元就会以异乎寻常的速度爆发,在整个脑部加速一种神经传递素多巴胺的大面积扩散,从而引起人们对于高额回报的追求和渴望。

因此,虽然近年来的股市累计回报率低迷,但其一两个月的良好表现就会让你迫不及待地重新杀入市场。结果，往往在高点入场，或者在低点离场。

那么，如何抗拒这种倾向呢？下面有几个步骤，可以帮你尽量减少在股市上涨时头脑发热导致投资风险扩大的可能性。

首先，回想一下你最近一次能够确定市场走向是什么时候。这种拷问自己感觉是否正确的做法可能有助于让你意识到，做出投资决策必须要有比直觉更好的理由。

第二，如果你要突然加大基金仓位，那就要强迫自己拿出几点确凿的理由，证明市场的价值正处于低估状态。不许自欺欺人，不要用"因为最近市场在涨"这样的理由。在考虑时，还要想出几点可能导致股票不再上涨的因素。

最后，把是否投资的理由写下来，以便你回过头来审视自己的逻辑。不管预测是否正确，吸取教训和获得经验的最佳方式是持续跟踪自己的投资理由。

所有这些步骤并不是阻止你去买基金，而是说你不应该因为市场出现短期上涨就急着去买入更多的基金。

仓促之下做出的决定往往是错误的，而仓促之下做出的重大决定几乎总是错误的。

每个投资者都该问自己的五个问题

巴克莱银行日前发布财富洞察系列调研报告。巴克莱发现，感情用事的交易活动最多会使投资者在 10 年内损失 20％的回报。报告显示，从平均来看，在决策时有章可循（也就是有具体策略）的投资者拥有的财富要比不太讲究章法、更喜欢凭经验思考的投资者多 12％。

事实上，要做到有章可循也不是什么难事。每个投资者在做出某项投资决策的时候，都应该针对自己的投资组合和资金管理模式提出 5 个这样的问题。

1. 我投资的是哪些产品，我应该避开哪些产品？

投资的方式多种多样。对散户投资者来说，进行任何一项投资的关键可能是背后的主题——股票、指数型基金、股票型基金、债券型基金、货币市场基金或者银行理财产品。在眼下这种不确定的市场环境下，最重要的一点也许是知道自己在动荡时期持有哪些资产会感到安心，以及哪些投资会令你感到不安。

2. 我对哪些产品足够了解，可以自己做出投资决定？

如果你是那种想要亲力亲为的投资者，你需要确定自己是否真能做得比专业人士好。后者至少拥有将投资广泛多样化的资源，一旦某个投资决定失误，可以将损失降至最低。

3. 我的资产配置反映了我的年龄和我的长远打算吗？

一项长期的投资策略需要有投资原则，还要想方设法地去实现。许多投资者过分满足于近期奏效的投资策略，如一些四五十岁的投资者对股市的波动感到非常惊恐，所以选择避开股票，如果他们活到了八九十岁，这就是一个一个如何养老的问题。反之，一些年长的投资者仍然像工作期和积累期那样进行投资，显然如果市场出现波动，他们将没有时间挽回损失。

4. 我对自己持有的基金到底有多大的信心？

每一位投资者都应该检查自己持有的基金，列出自己认为某只基金将达到今后预期的原因，以及某只基金达不到预期的原因。如果对某只基金没有很强的达标信心，就可以换掉它。

5. 我的投资当中有什么让我彻夜难眠的因素？

每个人对这个问题都有自己的答案。无论是欧债危机、中国经济波动、恐怖活动卷土重来的可能性还是别的什么状况，投资者都应想清楚，如果自己的噩梦成为明日的新闻头条，该如何去应对。

回答完上面 5 个问题后，你的投资将变得有章可循。

5 基金理财的实战技巧

- ◆ 逆向投资法则：众弃我买
- ◆ 聪明"投基"巧用投资时钟策略
- ◆ 给自己的基金选一个好管家
- ◆ 为什么要买债券型基金？
- ◆ 寻基秘诀：跟着机构买基金
- ◆ "善时"投"基" 买跌不买涨
- ◆ 到了该贪婪的时候了么？
- ◆ 逢低买入并非"万能"良策
- ◆ 资产配置：让你轻松应对牛熊更替
- ◆ 模拟足球阵型进行基金投资
- ◆ 基金投资也要"荤素搭配"
- ◆ 何处才是"避风港"？
- ◆ 基金投资抄底机会来了吗？
- ◆ 估值低位宜选指数基金布局
- ◆ 投基利器：好产品 + 时间
- ◆ 年底理财四招教你挑债基
- ◆ 基金投资"蛇年演义"
- ◆ 震荡市宜"倒金字塔"式买基金
- ◆ 债券型基金适合长线持有

逆向投资法则:众弃我买

悲观与贪婪一样,都具有传染性。这也是许多人在股市里跌打滚爬后仍然亏钱的主要原因。

因此,包括约翰·邓普顿、彼得·林奇、安东尼·波顿、巴菲特等著名的投资大师们都开始青睐逆向思维,也就是被大家奉为股市"圣经"的一句话:"当别人贪婪的时候,我恐惧;当别人恐惧的时候,我贪婪。"

分析巴菲特过去 40 多年的投资组合,我们可以发现,越是大牛市,巴菲特越少买甚至不买股票,越是大熊市,巴菲特越会大量买入。最近的一次"战例":在华尔街金融风暴盛行的 2008 年,道指最大跌幅达到 54.43%,然而正是在当年下跌最猛烈的 9 月,巴菲特以 50 亿美元的大手笔大举投资高盛。仅在 2 年之后,高盛股价从 60 美元/股回升到 180 美元/股上方。

正如约翰·邓普顿爵士的名言:"如果你想获得比大众更多的回报,那么就不能按照大众的思维进行投资。"这个道理在基金投资中也同样适用。当基民们甚至不敢申购新基金时,表明市场的恐慌情绪已经极度蔓延,而此时,其实往往孕育着较大的投资机会。这也就是人们常说的："基金好发不好做，好做不好发。"

那么，在目前新基金越来越"迷你"的时候，是不是到了进场的时机了呢？现在市场大家不看好的主要原因是经济不好。但历史的经验证明，尽管中国经济的快速增长频频遭到种种质疑，但最终却并未改变其增长的轨迹。虽然经济转型过程中可能会遭遇阵痛，但从中长期角度来看，这却是为未来的经济发展夯实基础。反映在 A 股上，在经历了反复的杀跌之后，无论是从超跌反弹的角度还是价值投资的角度，都已经出现了一定的投资机会。

数据更具有说服力。中国证券登记公司公布的截至 5 月末的开户和销户的情况，10 万元以下的自然账户到 5 月末的降幅是 0.44%，而 100 万元以上账户的增量是 0.15%。这个数据虽不足以完全判断市场，但是从我们过去的经验来判断，大户总比散户更理性些——往往在大家信心很低迷的时候，一些成熟的投资者就会选择逆向操作。

毋庸置疑，长期的震荡、下跌后，市场已没有财富效应，悲观情绪也极度传染。不过，正如投资大师罗杰斯说的，"投资需检视事实与机会，不随众起舞，懂得反其道而行"。悲观情绪的转换可能是一个过程，但是转换又是必然的。

聪明"投基"巧用投资时钟策略

过去两年时间里,A股经历了异常明显的涨跌起伏,面对着市场的波动,如果能够掌握一定的投资技巧是可以有效管理投资的。

很多投资者都知道"投资时钟"策略,它将经济周期划分为四个不同的阶段:衰退、复苏、过热和滞胀。每个阶段都对应着表现超过大市的某一特定资产类别:债券、股票、大宗商品和现金。当经济周期发生变化时,投资者将资产进行相应的调整。

因为利用经济周期性的轮动规律,投资者可以实现高效配置。从历史数据来看,A股市场周期波动特征明显。如在 2005~2006 年经济复苏阶段,地产行业表现明显优于其他行业;2007 年随着经济的扩张和繁荣,有色、煤炭等周期类行业则表现突出;2008 年上半年GDP下滑、CPI 高企,食品、医药等稳定类行业的超额收益明显。

而把投资时钟原理套用在基金投资上:在上升阶段,可多投偏股型基金;在下降阶段,侧重债券型基金等固定收益品种。比如,在 2008 年经济从过热走向衰退时要退出股票转向债券,而当经济处于衰退末期逐步走出困境时,按照"投资时钟"就应该增加股票的投资。

把美林的投资时钟落实在基金定投的市场上，按照市场规律做一个基金定投的投资时钟。把投资阶段分为经济景气加热期、经济景气修正期、经济景气复苏期和经济景气衰退期。投资者可在前两个阶段做常规定投，后两个阶段则加大定投的力度。也就是说，市场低迷时恰好是定投的好时机，在市场低位投入了较多的资金才能在未来的上涨中分享收益。市场低迷的时候不仅不应该放弃定投，还应该加大投入，只有这样才能获取市场未来上涨的收益。

为什么要逢低加码、逢高少买呢？因为当市场呈现下跌走势时，较低的基金净值可以为你获取更多的基金份额。而当市场开始上涨时，这些份额就能够为你摊薄成本，分享市场增长的红利。

给自己的基金选一个好管家

"三年三过三千点，一喜一忧一迷茫"。坊间流传的这句话准确概括了三年来的股市心态。一方面，股票市场的剧烈波动使投资者无所适从；但另一方面，如果合理投资基金，股市剧烈波动的背后也隐藏着投资机会。

事实上，就在最近一段时间的市场调整中，各类基金业绩分化较为明显，一些基金凭借突出的选股能力和对大势的准确预判，表现出较强的抗跌能力，少数基金甚至净值实现逆市上涨。

我们可以把钱交给基金经理打理，就是因为相信基金经理的炒股能力能够超过我们普通投资者。因此，在精挑细选基金的时候，作为基金"管家"的基金经理就成为我们筛选的重要标准。

第一步，要考察基金经理的投资经历。我们需要关注基金经理从事投资的时间长短，历史业绩是否稳健以及对待风险的态度。虽然基金经理的投资方法各有千秋，但长期能够取得良好业绩的原则却是不变的。在国内，基金经理通常会经历研究员的工作阶段，由一名优秀的研究员过渡到优秀的基金经理仍然需要一段相当的路程，因此，在关注基金经理的工作履历时，要更加关注从事投资实践的经历。

第二步，考察基金经理构建投资组合的方法。虽然不同的基金投资策略在一定程度上受限于基金契约的规定，例如指数投资或主动投资、持有股票的配置比例、投资股票的风格有所侧重等，但基金经理依然在行业以及个股的选择上有比较大的空间。虽然投资原则各不相同，但基金经理的最终落脚点是评估企业的价值、确定合理价值的范围并在组合中给予一定的权重。通过其投资组合的表现，考察其选股能力。

第三步，比较不同的管理风格。投资者可以从行业以及个股的集中度、换手率等指标了解基金管理风格的差异。有些基金经理基于对风险的考虑，可能对大类资产配置进行积极的选择，但有些基金经理将更多的精力放在精选个股。无论坚持哪一种投资原则，基金经理总会发挥其最擅长的投资方式。

基金专家指出，通过上面的三个步骤，我们可以选择出投资理念清晰、坚持自身投资原则、并在历史管理过程中投资成功率较大的基金经理。

几年前，看了彼得·林奇的《战胜华尔街》后，不仅对彼得·林奇的选股和投资方法颇有感悟，更羡慕那些幸运的投资者，能够有彼得·林奇这样一位天才又勤奋的基金经理为他们打理资产。其实，我们也可以选择自己的"彼得·林奇"。

为什么要买债券型基金？

2010 年以来，股市跌宕起伏，很多基金投资人坐了电梯，由原来的赚钱变成浮亏，股市的风险展露无遗。有统计显示，2010 年上半年，全部股票型基金共计亏损 3 256.84 亿元。

不过，基于股票型基金长期投资的准备，在中国经济继续显露出蓬勃向上潜力的情况下，股市长期还是看涨的。另外，基金经理也是有其专业素质的，还是会注意到市场的风险和机会。

但不管怎样，资产的大幅波动总不见得是件好事。那么我们是否可以将自己的风险降低一些，让收益更稳定一些呢？

回答当然是肯定的，那就要在买基金的时候不要只盯住股票型基金而冷落债券型基金。一个显著的数据是，在 2010 年上半年股基几乎"全军覆没"的同时，债券型基金为投资者盈利 11.95 亿元。再向前一点的 2008 年，在泥沙俱下的股市中，获取正收益的债券基金也比比皆是。

由此可见，配置债券型基金的最大好处就是，它可以帮你安全度过股市的震荡期，没准还可以小有收获。

首先，配置一些债券型基金，可以降低资产的波动性风险。债券型基金的收益来源与股票型基金的收益来源大不相同,债券收益主要与利率相关,与上市公司的盈利状况没有多大关系。配置一些债券型基金,收益虽然不是很高,但贵在稳定,而且相比货币型基金、定期存款来讲,还是有一定的优势。这样会对股票型基金资产的收益有平滑作用,对整体收益的稳定性是有益的。

其次,在股市前景不明朗时,债券型基金是一种较好的选择。当投资人对股市前景不看好,或者看不清楚时,投资股市或股票型基金的风险就潜在其中。如能保持一份谨慎的心态,用债券型基金作为主要的资产配置,以保持资产的稳定,同时获得资产的资本增值。当然,这也存在可能的踏空风险。

最后,对于中短期资产,债券型基金是良好的投资标的。中短期资产,是指两年以内半年以上的现金资产。一般情况下,两年以后要使用的资产,投资股市的风险就偏大,到两年后要用钱时,发现钱不够用了,那就不合算了。比如买房子的钱,小孩上大学的钱,子女结婚的钱,购买生产设备的钱等。如果投资债券型基金,两年亏损的概率就极小,而获得10％左右收益的可能性却比较大。

寻基秘诀：跟着机构买基金

近期，多家基金公司债券基金获批发行，业内刮起一股债券基金发行旋风，而封闭式债券基金风势最为强劲：继富国和华富的两只封闭债券基金一日售罄后；本周一开始发行的市场上第 4 只封闭 3 年的债基——信诚增强收益首日也有近 20 亿元资金认购。

最近债券型基金被投资者热捧，与弱市环境下投资者对固定收益类产品的强烈需求分不开。2010 年以来，A 股市场震荡不断，近八成偏股型基金均未取得正收益，与此同时，债券型基金的表现却相当稳健，全部实现正收益。因此，债券型基金成为市场上稳健投资者的"避风港"。

另外一个最大的原因就是封闭创新债基本身在市场上是极其稀缺的，因此受到机构抢购。

数据显示，正是机构资金，推动了债券型基金的火热行情。可资佐证的是，从一日售罄的华富强化回报来看，该基金的机构和散户投资者的投资金额大致呈现 4∶1 的比例；同样富国汇利的申购资金中绝大部分为机构资金。

而被机构看中的，恰恰是封闭式基金产品独特的优势——对于饱受市场流动性不佳以及频繁大额申购赎回冲击困扰的国内债券型基金来说,封闭式债券资产配置效率更高:基金可以在封闭期内,将较大比例的资产配置于高收益率债券;同时,由于封闭式运作,封闭式债券基金也可以采取杠杆策略去提高整个收益率。

机构投资者的青睐,是封闭式债券基金优势所在的最现实写照。事实上,在证券投资领域,机构相对于散户来说,总是拥有无与伦比的优势,无论是信息的来源和渠道,研究的实力和成果,始终占据绝对优势。在基金投资方面也是一样,机构相中的基金一定有其独到之处,很有可能就是我们要寻找的好基金。

正所谓,机构吃"基"肉,基民喝"基"汤,跟着机构买基金,一定是个简便易行的好方法。

那么如何知道机构相中的是哪只基金呢?一个最直接的方法,就是可以根据开放式基金的年度报告,分析出每只基金机构投资者和个人投资者各自持有的比例。

这个方法,不只是运用到债券型基金,股票型基金同样适用。事实上,那些被机构青睐——机构持基比例较高的基金公司,都是那些不管是牛市还是熊市,业绩都能跑在市场前列的基金公司。

"善时"投"基" 买跌不买涨

老子《道德经》中有云"动,善时",意为行动要善于把握时机,短短三个字,意味深远。

国内某基金公司曾经做过一项调查,2005 年 6 月 6 日是最近两年股市的底部,那天上证指数只有 998 点,这是买基金的绝佳机会,但该公司统计结果却表明,当天只有 3 位客户购买了开放式基金。

这是典型的"买涨不买跌"的明证。在股市中,恐惧和贪婪是两种最容易大规模爆发的传染病,且会一再出现。尤其是在市场加速下跌时期。通俗地说,"善时"就是"买跌不买涨",该出手时就出手。

如何"善时"呢? 或者我们可以从基金发行的数据上窥叶见秋。毫无疑问,当前是基金销售最为艰难的时期,投资者因为害怕损失而不敢入市。但是,作为专业的投资管理人,基金公司明白,而且基金历史已经多次证明,唯有在市场最低迷的时候入市才有更大可能会最终盈利。

众所周知,A 股最著名也是最惨烈的下跌发生在 2008 年,上证指数从年初的 5 000 多点一直下跌到 10 月底的 1 664 点才收手,当时可以说是 A 股最为凄惨的时期,新基金发行艰难,大量新基金延长募集期。但正是当时入市的投资者,却赚取了最为丰厚的回报。据统计,截至 2011 年 6 月 17 日,2008 年成立的 58 只偏股基金中仅有 3 只没赚到钱,其余全部为投资者带来了正回报。

2008 年成立的新基金的表现充分证明,股市显著下跌对已有的投资者固然说是场灾难,但对于持币的投资者来说无疑正是入市的良机,因此,已经入市的投资者可以采取逐步补仓的策略摊薄成本,为尽快回本赢得时间。尚未入市的投资者应当逐步介入,才能在股市高涨时赚得一笔。

巴菲特希望在弥漫着悲观主义的环境下投资,他说:"不是因为我们喜欢悲观主义,而是我们喜欢由此而产生的价格,乐观主义是投资者的敌人。"

到了该贪婪的时候了么？

一个非常奇怪的现象：当股市指数涨到每一轮行情顶部时，人们对基金趋之若鹜，新发行的基金一天就有超百亿元的认购，还要按比例配售；当股市跌至每一轮行情底部区域时，人们却对基金充满畏惧，新发行的基金一天也卖不到 1 000 万元。事实上，人们的这种行为与未来盈利的前景可能正好相反，在目前指数经过持续下跌、市场行情低迷的情况下，投资基金的机会才会真正来临。

投资大师巴菲特说："在皮鞋匠也热衷炒股时退出，在市场低谷时敢于进入。"的确如此，基金理财亏损最多的人往往是在皮鞋匠也热衷炒股时进入的，凡是市场十分萧条时开始基金理财的人，大多有较好的收益。数据显示，在 2007 年、2009 年牛市购买基金的人，大部分人还亏着，而 2008 年熊市购买基金的人，现在绝大部分实现正收益了，有的甚至达 100％以上。如以成立于 2008 年 6 月 4 日的信诚盛世蓝筹基金为例，截至 2013 年 10 月 15 日的 5 年多时间里，累计收益率 201.7％，超越同期上证指数收益率 100 多个百分点。

"当别人贪婪的时候，我恐惧；当别人恐惧的时候，我贪婪。"这句被许多股民奉为经典，在基金投资中也同样适用。新的基金理财者，入场的最佳时机是在市场低迷时，因为此时股市已跌到了比较低的位置，再向下有可能，但空间不会像原来那么大，也就是说即使再跌，哪怕你什么也不懂，就那么捂着你的基金，回上来的时间也较短。这个时候才能真切体会到什么叫风险，培养出较强的风险意识，一旦牛市来临，收益就会很丰厚。

当前，基民最担心的，莫过于政策紧缩持续和中国经济下滑带来的投资风险，但历史的经验证明，尽管中国经济的快速增长频频遭到种种质疑，但最终却并未改变其增长的轨迹，而2008年的金融危机中，中国经济的复苏也是有目共睹的。虽然经济转型过程中可能会遭遇阵痛，但从中长期角度来看，这却为未来的经济发展夯实基础。

反映在A股上，在经历了反复的杀跌之后，目前市场处于历史底部的估值水平，无论是从超跌反弹的角度还是价值投资的角度，都已经出现了一定的投资机会。此时，基民或许应努力淡化自己的恐惧，而选择一点点贪婪了。

逢低买入并非"万能"良策

当市场下挫时,看涨人士经常提醒投资者"逢低买入",不过,这种策略虽然从逻辑上说行得通,但实际运用起来效果却没那么好。

通常而言,逢低买入是价值投资的第一原则。凭感觉来看,逢低买入确实是讲得通的。投资无非就是低买高卖。当价格突然下跌时,市场会立即给你带来一个逢低买进的机会,为什么不抓住机会呢?

但如果我们做些更加深入的观察和思考,就会发现逢低买进似乎没那么诱人。

先从下定义开始。究竟什么叫"低"?它是指一个市场指数下降2%,还是下降5%或者更多?下跌的时间段是一天、一周还是更长时间?由于投资者只是跟着感觉走(如果市场跌幅之大让人们恐惧,这就是"低"),而缺少统一的定义,所以很难判定逢低买入策略是否有效。

另外一个问题:"低于纪录高位"与"便宜"恐怕不是一个概念。在市场逐步间歇下跌的过程中,后续下调时的股价往往比你开始入场时更低。如2011年上证指数4月份高见3 067点,至今经历4～5波下跌,前几次都在2 500点或其上方。但至10月10日收盘报2 344.79点,远低于此前的几次回调水平。最关键的是,除非你能在高位能及时卖出。

逢低买入也许能让你感觉好一点,这就像在百货商场打折时购物感觉良好一样。不过,别误认为逢低买入一定能增加你的投资回报。逢低买入也要求选时——其中的一个标准就是,出现价值低估的时候。

通常情况下,极端的下跌往往只有几年一次,相对的下跌可能要多一些,但也可能只有一年一次。因此,这就注定了不能经常买进。回顾最近几年的市场历程,2008年底买进一次,2009年初继续买进一次,2010年中买进一次,最近买进一次。

不祈求买在最低点,只要自己觉得价格合理就行。笔者以为,这样基本上符合在大象出现时射击的策略。而一旦买进,也并不准备卖出。按照提摩西·维克的说法,抱牢股票的原则有三:一是持股的时间必须长到足以让市场重新评价该股票;二是只要公司能继续保持或超越预期的盈利,就应该抱牢股票;三是应该假设会持股至少两年,因为这通常是股票涨到公平价格所需的时间。

资产配置：让你轻松应对牛熊更替

在莎士比亚著名的戏剧《威尼斯商人》中，安东尼奥这样说："不，相信我；感谢我的命运，我的买卖的成败并不完全寄托在一艘船上，更不是倚赖着一处地方；我的全部财产，也不会因为这一年的盈亏而受到影响，所以我的货物并不能使我忧愁。"这其实是"资产配置论"的一种生动表述。

历史的明镜告诉我们，在金融市场，股市、债市、商品市场等都会展现牛熊更替的轮回，但它们并非完全同步，投资者通过合理的资产配置，能有效避免投资收益的大起大落。

以 2006～2010 年市场为例。我们看到，2006 年是经济快速增长期，股市牛气十足，债券却表现得相对略逊。2007 上半年经济增速趋缓，商品行情变牛；2007 下半年经济见顶衰退，都是熊市。2008 年衰退期，只有债券是牛市。2009 年则是经济复苏期，都是牛市。2010 年货币政策开始走上从紧轨道，沪指走熊，相比之下，债市表现明显优于股市。

历史统计也显示在相同的市场条件下，各类资产并不总是同时地反应或同方向地反应，因此当某些资产的价值下降时，另外一些却在升值。如大宗商品市场。

尽管大宗商品价格剧烈波动,但从整体趋势看,商品价格呈现上升的态势,在过去的 10 年中,黄金的年平均回报为 17.62%。金属铜的年平均回报为 18.77%,金属铝的年平均回报为 6.85%。这些都跑赢了全球的经济增长,也普遍高于其他传统资产类别的投资回报。

对于金融资产中的基金而言,需要着重考虑其与经济周期的关系。当经济处于繁荣期,股票投资是最具有吸引力的方向,而通货膨胀的压力使得债券的投资不是很理想;当经济从增长的高峰开始回落时,股票跌幅也居前,债券和贵金属则成为资金安全的避风港;当经济显示出景气回升的信号和预期时,股票投资的吸引力开始增强,但不确定性仍然困扰着不同资产价格的剧烈变化,此时,均衡配置和适当的调整是应对风险的有效策略。

"请记得,你总会在某个地方找到牛市的存在!"债券大王比尔·格罗斯如是说。

模拟足球阵型进行基金投资

从足球中也可以看出投资的门道来。投资者在欣赏足球盛宴的同时，还可以从中学习投资知识。不妨考虑一下自己的基金组合——是不是可以像组合球队一样组合基金，按基金的不同特点给予不同的位置，以此打造您的"顶级球队"。

在投资学里，流行这样一个关于投资组合的理论：组合里面投资品种之间的相关性越小，整体投资组合的风险水平就越低。因此，对于基金投资来讲，将不同类型的基金产品通过一定的比例搭配起来，进行组合投资，可以进一步优化整体投资的收益和风险水平。这就如同一支足球队的成功，需要不同风格、不同位置的球员共同努力，才能赢得比赛的最终胜利。

足球的阵型分为多种，无论是 352 阵型、442 阵型、451 阵型还是其他阵型，前锋、中锋、后卫和守门员都不可或缺。在基金投资中，前锋的角色总由股票型基金担任，包括无论何时都保持高仓位的指数基金，中锋角色则由进可攻、退可守的混合型基金扮演，后卫理所当然由债券型基金担任，而货币型基金好比守护自家财产的守门员，流动性好、风险低，可做现金管理工具。

如果你基金投资组合里只有 1 名守门员、9 名后卫和 1 名前锋,这样的铁桶阵固然可以保障资金的大部分安全,但其资金运用效率极其低下,想靠偶尔的几次长传冲吊达成财务自由难如登天。但如果没有守门员,就没有了坚强后盾和安全感。

只有利用不同的基金品种进行组合,才能够保证在"赛场"上大获成功。在形势大好的情况下,球队可选用进攻性较强的 433 阵型;在市场震荡不定的情况下,选用攻防兼备的 451 阵型则可以应付"市场先生"阴晴多变的坏脾气。

此外,基金组合的"阵型"除了根据市场的变化而作出相应的调整,还要根据投资者的年龄、目标、财务状况及其风险的承受能力来决定。激进型投资者可用"235"阵型:20%债权型基金+30%混合型基金+50%股票型基金;平衡型的投资者的阵型可以是"442"阵型:40%债券型基金+40%混合型基金+20%股票型基金;而保守型阵型是"541":50%债券型基金+40%混合型基金+10%股票型基金。

基金投资也要"荤素搭配"

"乍暖还寒时候，最难将息"，每次天气突变的时候，感冒发烧横行，平时不太容易看出的个人身体素质的差异就会明显体现出来。而基金投资同样如此，市场好的时候大家可能都感觉不到，不过等市场状况糟糕的时候，你的投资组合是否健康就会很快浮出水面了。

2006年和2007年一轮令人热血沸腾的大牛市让我们发现了股票市场的财富效应，凭借投资偏股型基金，我们获得了一倍甚至几倍的回报。彼时，风险较低的债券型基金和货币市场基金均不在大家的考虑范围之内，直到2007年底至2008年的一轮大调整的来临。大部分2007年入场的投资者像参加了一场饕餮盛宴，尽情狂欢尽享美食，当曲终人散满地狼藉时，才感觉到肠胃不适，犹如翻江倒海。

就像我们的日常饮食讲究荤素搭配、营养均衡一样，我们在投资的过程中，也应该像关注自己的健康状况和饮食情况一样，依据自身风险承受能力选择适合自己的投资组合。那些在美食当前，忽视了自己身体状况进食了过多大鱼大肉的人，就需要调整自己的饮食结构。

那怎样的投资理财才是健康平衡的呢？"荤素"都是人所需要的,但具体偏重荤还是素,则要看投资者自身的口味,而"口味"就是投资者自己的风险承受能力。风险偏好高的投资者可多吃点"荤",而风险厌恶者则应该多吃点"素"。

股票型基金就像荤食,中短期波动较大,长期增值较高,适合高风险偏好及长期持有的资金;而债券型基金像素食,与股票型基金不同的是,债券型基金首先是控制风险和保持较高的流动性,其次才是增值,适合各类期望稳定增值的个人或机构;而货币市场基金,像我们喝的水,几乎人人都适合,能提供较好的本金安全性和流动性,适合短期资金。

从营养学的角度来说,我们不该也不能随意挑食,比如说有人就喜欢吃肉不喜欢吃素,这可不行。身体要健康,就一定要营养均衡,这样,当疾病来袭的时候,抵抗力才会强。

最后有一点,那就是长期坚持是至关重要的,无论是人体营养搭配还是基金"健康"组合都是功在长期。

何处才是"避风港"?

2012 年的舞台中央是无休无止的欧洲债务危机,背景是疲软的全球经济增长前景,面对这样一幕,投资者将何去何从呢?

当我们开始假设,如果巴菲特坚持使用他那个"人惧我贪"的老办法,他肯定正在进行力度空前的大手笔投资,因为现在市场弥漫着恐惧。

但是事实却与之相反——这不能责怪投资者缺乏胆量——他们刚刚从希腊债务危机中回过神来,又要努力琢磨意大利究竟欠了多少钱、欠了谁的钱。更让人不安的是,国际货币型基金组织总裁拉加德也开始公开讨论全球将陷入"失落的十年"的前景。

那么,对于投资者来说,当市场方向不明的时候,何处才是避风港? 其实答案早就存在,只是一直被我们忽略,那就是资产配置。

在实际操作中,有一个误区,不少人都会认为只有资产雄厚的人才需要进行配置,如果钱本来不多,索性赌一把,就无需再配置了。其实不然,资产配置的本意就是指为了规避投资风险,在可接受风险范围内获取最高收益,其方法是通过确定投资组合中不同资产的类别及比例,从而进行风险抵消,享受平均收益。

那么,怎样得当地分配自己的投资呢? 笔者认为:

首先,需要依据个人特点进行资产分配。其中,年龄、投资属性、市场状况是很重要的参照指标。如年龄较轻,风险承受能力强,积极型规划就比较适合,资产配置中高风险标的就可以多配一些,而"三明治"一族(上有老,下有小),则适合稳健进取型规划,如配置中包括 20%的股票、20%的基金、20%的定存以及相应比例的保险等。但是,这也需要依据自身的情况进行区别,对于收入较为稳定,负担较轻的家庭,可以投入更多的风险资产,以获取更高的回报。

其次,适时进场投资并定期检查投资绩效。资产配置计划一旦确认,择机执行极为重要,对于无风险理财标的而言,时间为王,投资越早越好,从长期来看,复利价值是惊人的。而对于有风险的理财标的而言,选择进场时机更是一门艺术,善用不同资产之间的转换,对于捕捉进场时机也很关键。

如股市债市都不好的时候,何不考虑一下商品市场呢? 如投资商品类的基金。

基金投资抄底机会来了吗？

"我最近天天看基金净值，发现现在有很多基金都三毛五毛的，反正市场整体风险不大了，不如花一样的钱，多买一倍的基金。"身边有很多朋友最近经常问笔者，"这些基金这么便宜，现在是否是投资的良机呢？"

确实，经过市场近期快速下跌，许多股票型基金也"泥沙俱下"，单位净值逼近新低。有不少投资者都在问同样的问题：目前究竟是不是好的"投基"时机呢？笔者认为，投资者可以根据以下几个原则选择进入时机。

一是当明确锁定经济处于景气的谷底阶段，提高债券型基金、货币型基金等低风险基金的投资比重，若经济处于景气复苏阶段，则加大股票型基金的投资比重。

二是判断市场的冷与热，从基金募集的情形就可以窥出一斑。经验显示，募集很好的基金通常业绩不佳，募集冷清的基金收益率反而比较高。这是因为投资人总是勇于追涨杀跌，怯于逢低介入。

三是申购基金要摆脱基金净值的误区。人们通常认为，净值低的基金比较容易上涨，净值高的基金不易获利，其实这是一种错觉。只要基金投资组合调整得当，净值可以无限上涨。相反，如果组合选择有问题，净值再低仍然存在继续下跌的可能。所以，选择基金不应依据净值的高低而定，而是要根据市场的趋势来判断。

但事实上，大多数人的投资往往是反其道而行之的，在 2007 年 A 股处于 5 000 点之上时人们排队开户买股票、买基金，而到了现在，股指已经跌到 2 100 点，人们却因为恐惧而卖股票赎基金。

殊不知正是熊市为基金定投者带来了最大的利益。假设某投资者是做 10 年周期的月度基金定投，这相当于是一个全程 120 期的投资。如果他想让这 120 期投资的利益最大化，就必须让尽可能多的期数在低市盈率期间买入，低市盈率状态延续的时间越长，对于基金定投者就越有利。如果市场涨起来了，反而会导致后期投资的成本上升，对于基金定投者就越不利。

因此，对于着眼于长期投资的基金定投者而言，恰恰应当欢呼熊市的到来，而且熊市持续的时间越长越好，正是熊市为定投者带来了较低的建仓成本。因此，在熊市到来的时候，投资者应当在低位加码，用加倍定投的方式来扩大底部的仓位，才能在未来获得更加丰厚的收益。

估值低位宜选指数基金布局

　　不管是从投资大师的箴言还是我们的杂志中,你大概已经了解到指数基金从长远来看将胜过市场上大多数基金,也准备好要投入一笔钱来"分享中国经济成长的果实"。但新的问题出现了:市场上有那么多指数,同一指数有时还有许多不同基金,我该选哪一个?

　　可以确信的是:选择一个好的指数基金比选择一个好的普通股票型基金简单多了。相比日日夜夜地揣测你的基金经理在想什么,在买入基金前就知道你的钱大致会投向什么样的公司和行业显然更令人安心——前提是你要做好功课。

　　一般来说,看看这个指数分布在哪些行业,行业决定了这个指数的风格特征。总体而言,如果你是一个长期、稳健型的投资者,沪深300、上证50这样的大盘蓝筹指数是个不错的选择;假如你想投资中小盘股,获取超过市场平均的收益,那么可以尝试下中小板指数或者中证500指数,当然也要面临相应的风险。若是你特别看好某个行业,例如消费行业,还有上证消费80这样的相关行业指数。

　　以沪深300指数为例,2012年沪深300指数约12倍市盈率,动态市盈率大致为10倍,已经较大低于2008年的最低点。在2007年10月股市高峰时,沪深300指数曾经到达过50倍市盈率。

　　而从历史经验来看,沪深300指数15倍的市盈率已是市场低点,如2005年2月,2008年9月沪深300市盈率均在15倍区间。而当市场处于底部区域时,被动指数化投资获取的收益通常更胜一筹。从历史的走势来看,从2005年2月~2007年10月,沪深300指数累计涨幅高达496%;从2008年9月~2009年7月,沪深300指数累计涨幅为99%。

投基利器:好产品＋时间

为期 16 天的伦敦奥运会终于落下帷幕。来自五大洲的上万名奥运健儿,为全球体育迷献上了一场精彩纷呈的视觉盛宴。除了精彩激烈的赛况之外,奥运最打动人的正是运动员身上那股坚持不懈、永不放弃的精神。

其实,投资理财与奥运有很多相似之处,基金投资就好比是一场需要耐心和毅力去完成的比赛,精髓就在于坚持长期投资。尤其是在市场的涨跌起伏中,拥有一份从容不迫的心态,锲而不舍,才能在"长跑"中胜出。

一般而言,任何一个学过投资学的人,大致上都知道,任何投资须考虑三个要素:投资报酬率、投资风险以及投资时间长短。对前两个因素,大家探讨得比较多,但投资时间,尤其是它的"相对性",往往容易被忽略。其实,做好投资理财,正确方向与时间一样不可或缺。

以一个简单的例子来看,在 1 个一年期的期限中,赚 5％ 和 8％,对大多数的人,看起来相差不大。但是如果以 15 年投资期限来看,结果上的差距,便是 108％ 和 217％,也就是说差了 109％。

深入地说,"时间的价值",就是这个差距。

前人的经验已经验证了坚持长期投资的巨大威力。投资大师巴菲特曾说过:"如果你不愿意拥有一只股票10年,那就不要考虑拥有它10分钟。"他是这样总结自己成功经验的:想得到的回报越大,需要持股的时间也就越长,哪怕其间遇到暂时性的困难也要坚持。可口可乐、华盛顿邮报、美国运通、富国银行、宝洁公司……这些优质公司股票都为巴菲特带来了长期丰厚的回报,46年来,他的公司年复合增长率达到22%。

与巴菲特截然相反的一个案例是杰西·利维摩尔,他被誉为美国股市"短线狙击手",在投资上主张快进快出,曾经一度靠短线投机赢得了大量的财富,最终却没能保住自己的财富,落下饮弹自尽的结局。

成功没有捷径,唯有坚持不懈。经常有些投资者对自己的基金产品患得患失,密切关注每天的净值涨跌,当市场一有波动时就按捺不住,频繁赎回和申购。长期下来,不仅没有盈利,反而损失了不少手续费。而一些长期投资者却能够经受住市场的风浪,坚持笑到最后。

基金投资如同一项人生的比赛,重在坚持。投资者不要太在意一时之涨跌,只有练就了涨不喜、跌不惧的真功夫,选择绩优基金并持之以恒,才能最终得到满意的投资回报。

年底理财四招教你挑债基

"银行活期利率太低,定期流动性又受限。"临近年底,一些手中持有资金的投资者遭遇到了理财尴尬。对于普通投资者而言,债基或债券类理财产品都可作为跨年度投资的好产品。可预见的是,年宽松货币政策推行的可能性较大,从而为债券市场的跨年度行情奠定了基础。

"牛市买股基,熊市买债基",近日从债基收益中得到了很好的印证。银河证券基金研究中心数据显示,2008 年至今,得益于债券市场的"慢牛"走势,债券型基金 5 年平均累计收益为 22%,年化平均收益率为 4.11%。而在股市持续低迷的时候,今年以来债券型基金的收益更是让人眼前一亮,截至 11 月 22 日,债券型基金的平均净值增长率高达 6.23%,年化收益率近 7%。

那么面对琳琅满目、创新频频的债券型基金产品,普通投资者该如何选择? 对此,笔者建议,可从四个方面来考虑自己的债券基金投资策略。

首先,是看自己的资产篮子里有没有债基。经济下行股市低迷,目前经济周期仍处于债券"象限",重点配置固定收益产品相对来说风险波动小一些。

第二,是要了解如何进行债券基金分类。债券基金一般来说分为一级债基、二级债基、纯债基金和分级债基。2012年分级债基的杠杆份额曾表现优秀,由于其杠杆作用在债市牛市中表现出惊人的涨幅,但风险相对较高;二级债基可以投资一定比例的股票、可转债和打新股,也具有一定的风险;一级债基则主要投资于债市,风险较少收益稳定。如信诚经典优债基金就是一只一级债基,其2012年以来的收益达8.04%(截至11月22日)。

第三,要根据自己的风险偏好来选债券型基金。风险承受能力强的可选择二级债基、分级债、封闭债等弹性大的债基,风险承受能力相对低的可选择纯债或一级债。

最后,是要选择公司实力和固定收益团队实力强的。资料显示,信诚基金整体投研能力优秀,尤其在固定收益领域实力不俗,固定收益团队从业经历平均超过10年。事实上,信诚基金旗下多只债券基金中长期业绩均十分优异。

基金投资"蛇年演义"

　　经过 10 年多的发展,证券投资基金的品种越来越多,投资者可选择的工具也越来越多,资产配置似乎变得越来越复杂。对于普通个人投资者来说,要在面对琳琅满目的产品时不至于挑花了眼,就要首先对个人资产的流动性需求和自己的风险承受能力建立起足够清楚的认识,并对各种拟配置品种的风险收益特征有基本的了解。

　　我们从短、中、长期的资金需求进行分类,以期给投资者一点投资建议。

　　第一,就短期资金的配置选择而言,把几个月收入的备用金和 1 年内计划使用的资金放入活期储蓄收益相对较低,而定期存款、货币型基金、理财型基金和理财产品会是更好的替代选项。

　　在上述四种资产中,货币型基金的流动性最好,长期以来整体业绩稳健。据 Wind 数据显示,截至 2012 年 12 月 31 日,市场上 79 只货币型基金 2012 年以来的平均年化收益率为 3.95%,是活期存款收益的 10 倍以上;理财基金的定期性有其独特魅力,一定的封闭期操作或能换得超越封闭期间货币型基金的收益,但封闭期过短可能较难获得超额收益；银行理财产品收益率的确定性相对较高，但其收益的阶段性特征较明显，且参与和退出手续相对繁琐。

第二，从中期资金的配置选择上看，流动性需求在1～2年内的资金可以重点考虑投资固定收益类风险稍高一些的品种。如债券分级基金的杠杆份额，这类债券杠杆基金份额通过向稳定类份额借钱，以及通过母基金正回购的方式用较低的利息获得相对来说比较高的收益。

第三，如果将1～2年的资金投入到纯债基金中，常常也能获得与投资信托、基金专户、券商集合产品类似的收益，综合考虑纯债基金的中长期收益和较高的流动性，纯债基金是投资者中期配置的不错选择。

最后，是长期资金的配置选择。对于A股市场来说，经历了过去几年的持续低迷，长期来看，2013年应该是提高权益类资产配置比例的时机。可大众情绪仍习惯于追涨杀跌，能够认识到2013年股市的低点价值，将长期资金配置于股票和股票型基金的投资者恐怕仍旧不多。即便放眼数年后，2013年的股票型基金投资很有希望在回报上超越固定收益和类固定收益投资，但对于那些难以承受短期波动，且自身决策与过去1～2年的市场涨跌关联度较大的投资者，建议在权益类资产配置上还是要非常慎重。

震荡市宜"倒金字塔"式买基金

在动物中,兔子是弱者,天上有老鹰,地上有野兽,兔子为了生存,通常要在觅食的区域内挖有多个洞穴。这样,万一遇到敌人,可以就近藏到一个洞穴里,从而确保自身安全。这也就是人们常说的"狡兔三窟"。在理财生活中,我们也可以学学兔子,根据形势及时调整和选择更好的"洞穴",最大限度地化解风险。

笔者的一个朋友 2013 年 1 月底拿到 2012 年年终奖,奖金大约5 万元,原本不准备投资股市或基金,但当看到有些投资者购买的老基金在短短两个月上涨了 20% 以上,决定大举投资基金,并选择了当时为市场热门,也是过去一两个月涨幅领先的某基金,且一次性将 5 万元奖金全部投入。2013 年春节前略有上涨,但春节过后遇上市场调整,所投资的基金亏损 6% 左右。

上述事例表明,在目前这种市场环境下,基金投资者需要保持警惕性,不要受股市和基金阶段性大涨驱动,采取一次性大笔投资基金,而是应该分批进行偏股基金投资,如果目标投资额为 10 万元,那么至少需要分 5 次进行,那些暂时不投资偏股型基金的资金可以用货币型基金进行过渡,等申购偏股型基金时再赎回货币型基金或者直接从货币型基金转投偏股型基金。

分批投资基金可以选择简单的定投,也可以自己适当择时进行分批投资。从投资心理上看,投资者买涨不买跌,特别容易在股市阶段性高点出手,如果投资者一次购买金额占比不高,那么投资者还有更多的资金进行继续投资摊薄成本。

事实上,分期投资的最常见的一个策略就是"倒金字塔"策略——假如第一次申购后,净值开始下跌,可把一笔资金分为3~4份,越下跌买得越多。等大盘上扬时,就可享受股市收益。例如:第一次先以 1/4 的资金申购某基金;之后,如果净值下跌 10%,再以 1/3 的资金量补仓;在以后净值下跌的过程中,不断追加买入,每一次投资的金额比前一次增加一定比例,直至建仓完毕。这样开始买得不多,越跌就买得越多,拉低了总体申购成本。随着时间的变化,买入的基金份额也由少到多,呈倒三角形,因此称为"倒金字塔"策略。

此外,除分期购买外,投资者还需要在不同风格的基金间进行配置,最好不要只投资某一类基金,如大盘股、小盘股或其他类别基金。

债券型基金适合长线持有

　　和过去我们对债券型基金的印象不同,事实上债券投资早已不是低收益率的代名词。与股票型基金的长期收益率相比,债券型基金的表现也并不逊色。历史已经表明,作为基础性资产配置品种,债基在过去中短期和长期都表现出很好的保值增值效果。从短期、中期和长期来看,债券型基金都取得了媲美偏股基金的骄人业绩。

　　从短期看,2012 年债券型基金平均收益率超过 7%,超过了偏股型基金平均 5.5% 的收益率,成为除了 QDII 基金之外收益率最高的基金品种。从中期来看,在 2010 年到 2012 年 3 年时间,偏股型基金平均跌幅达 16.27%,跌幅最大基金亏损超 45%,表现最好基金收益也不足 15%。而债券型基金平均取得 11.07% 的正回报,最差基金仅亏损 5%,而最佳回报基金收益超过了 20%。

　　2008~2012 年这 5 年间,主动偏股型基金平均亏损 31%,正回报基金仅有 6 只,最大亏损基金跌幅近七成,而债券型基金全部取得正回报,平均收益达 22.75%,收益率最高债券型基金累计回报达 37.29%。在长期熊市中,债券型基金的配置价值显现。

历史业绩表明,债券型基金作为普通投资者基础性资产配置的作用不可替代。长期投资债券型基金,不仅可以为资产保值,还能起到显著增值的作用。当然,投资债券型基金也有诸多讲究,如同类型债券应该选择综合费率较低的品种,因费率过高可能对投资者的长期收益构成损害。此外,要优选具有较好长期业绩的基金经理管理的基金,要格外重视基金经理的风控能力,这些信息都可以通过过往业绩表现获得。

债券型基金种类日益丰富,如何根据自身资金情况和市场情况选择合适的投资品种也是需要仔细研究的。对于流动性需求不高的长线资金,可以重点关注历史业绩较好的封闭债基和定期开放债基,因为这类基金在实际运作中不需要过于关注流动性风险,从而有助于提高债基收益。流动性需求较强的中短期资金则重点投资规模较大的大型基金,这些基金规模大,流动性冲击较小。

此外,投资者也应该根据市场状况合理选择基金品种,如在股市相对低位可以重点配置二级债基甚至可转债基金,以增强收益。在股市相对高点则重点投资纯债基金,以规避股市调整风险。

6 大话货币型基金

- ◆ 巧投货基让闲钱管理"鸟枪换炮"

- ◆ 货币型基金 VS 银行理财产品

- ◆ 巧用货币型基金"嫁接"定投

- ◆ 存款"货比三家"不如择"基"

- ◆ 巧用货币型基金赚钱更有"方"

- ◆ 投资货基善用"星期五效应"

- ◆ "黄金周"理财:人闲钱不闲

- ◆ 抓住货币型基金的"冬收行情"

- ◆ 巧用货币型基金让闲钱"过节"

- ◆ 春节理财首选货币型基金

- ◆ 抓住货币型基金的"翘尾行情"

巧投货基让闲钱管理"鸟枪换炮"

工作赚钱不容易,然而通货膨胀却步步紧逼,蚕食我们的辛苦钱。此时,您的闲钱还存在银行里吗? 存钱只不过是打理闲钱的一把"鸟枪"。那么我们该如何打理闲钱才能获得更多收益? 巧投货币型基金,让您的闲钱管理实现"鸟枪换炮"的转变!

2012 年以来货币型基金依然保持较好收益。银河证券基金研究中心数据显示,截至 5 月 31 日,49 只货币型基金 A 类份额平均 7 日年化收益率为 4.386%,是活期存款利率(0.5%)的 8.8 倍,是一年期定期存款利率(3.5%)的 1.3 倍。

面对市场上这么多只货币型基金,投资者该如何选择呢? 笔者给大家支出以下三招,帮助投资者巧投货币型基金:

第一招,尽量避免周五申购。货币市场基金的收益是从交易确认日开始计算的。也就是说,如果你在 T 日提交购买申请,要下一个工作日(T+1 日)才能确认,即 T+1 日才开始计算收益。如果投资者周五申购货币市场基金,要等到下周一才能确认并计算收益,无法享受周六、周日的收益。因此,投资者最好避免周五申购。

第二招，运用基金转换，及时把握股市、债市和货币市场的机会。货币市场基金是牛市、熊市都可投资的低风险产品，是非常灵活的现金管理工具。所以，我们可以参照投资时钟原理，将货币型基金作为一个投资中转站，以获取最大化收益。如在经济增速放缓、通货膨胀仍处高位的经济滞胀期，我们可以投资货币型基金，而到了经济增速下降且通胀开始下降的经济衰退期，将货币型基金转换为债券型基金，最后到了经济增速开始回升且通货膨胀保持低位的经济复苏期又转换为股票型基金。

当然，也有更加简便的方法：在熊市或市场不明朗时，可以将资金放在货币型基金中，降低风险并获取一定收益，等待机会；而在牛市到来的时候，可将货币市场基金转换到偏股型基金中，争取更高收益。

第三招，关注万份收益指标。投资者在购买货币型基金时，还应关注该基金周末或者节假日期间的万份收益。由于周六和周日的万份收益一般会合并公布，因此将周六、周日的万份收益除以2，再乘以365，就是该货币市场基金投资组合最真实的收益率。

货币型基金 VS 银行理财产品

作为储蓄的"替代品",货币市场基金和银行人民币理财产品成为投资者选择之一。那么我们应该选择哪一个呢？今天就两者做一个比较。

目前,货币市场基金主要投向于短期债、央行票据、债券回购等,与银行人民币理财产品投资范围大致相同。两者的差别主要集中于安全性、收益率、流动性、灵活性、起购点等方面,从目前情况看,货币市场基金比银行理财产品胜出一筹。

第一,从安全性上看,货币型基金更强。作为基金产品,货币市场基金既受信托法保护,也受基金法保护,基金资产必须托管在具有托管资格的银行,且其账户设立和运作均严格独立于基金管理人和托管人,确保了基金资产的安全性和独立性。同时,证监会专门出台了针对货币市场基金的管理规定,对于货币市场基金的投资范围和期限结构等都有明确的规则和限制,对基金的信息披露也有严格要求。因此,相对于目前银行发行的理财产品而言,货币市场基金的运作相对更加透明,风险监控的机制措施也更加严格和完备。

　　第二，从收益率来看，两者相差不大。银行理财产品的收益率比较固定，如目前半年起的银行理财产品年化收益在 4％～5％左右。而货币市场基金收益率相对浮动，以上半年为例，货币 B 类份额收益第一的信诚货币 B 类今年上半年收益为2.56％，年化收益约为 5.12％（编者注：该收益率为 2012 年上半年数据），两者相差不多。不过货币型基金有一个优势是基金分红不仅对个人投资者可免利息税，企业也可按规定免所得税。

　　第三，从流动性上看，货币型基金更高。相对于人民币理财产品均有一段时间的锁定要求，货币市场基金的流动性则有十分突出的优势。货币市场基金可随时申购、赎回，且不收取任何手续费，提出赎回申请后一般在 2 天内款项就可到账。

　　第四，从灵活性上看，货币型基金更大。人民币理财没有其他产品可供相互转换，即使是同产品不同期限也不存在转换空间。货币市场基金则可与同一基金公司旗下其他类型的基金产品相互转换，使投资者在投资货币市场的同时，也可及时方便地捕捉资本市场的机会。

　　第五，从起购点上看，货币型基金更低。人民币理财计划购买起点大多为 50 000 元以上，投资起点相对较高。而货币市场基金的认购起点多在 1 000 元左右，且免认、申购费，免赎回费。

巧用货币型基金"嫁接"定投

很多喜欢定投的基民最常见的定投方式就是让基金公司直接从银行卡里面扣钱,拿去定投。其实很少人会发现,对于躺在银行卡里面等待扣款的资金来说,他们将损失货币型基金的收益。

今天给大家介绍一个定投小窍门:利用货币型基金转换来做定投,这样不但可以避免这部分钱在银行卡里睡大觉,同时还可以节省申购费率,获得更低廉的手续费。这个方式,集合了货币型基金和定投两者的优点,一举三得。

我们知道,货币型基金是一种低风险、低收益的基金,历史上货币型基金亏损的极少,年化收益率比银行活期存款利率高几倍,如信诚货币 A 近一年收益率为 4.5%(截至 2012 年 6 月 30 日),远高于一年期定期存款利率。而且货币型基金不存在申购、赎回手续费,它的另一个特点是流动性强——今天买,第二个交易日就开始享受收益;今天卖,第二个交易日就可以到账。

货币型基金跟定投怎么结合?将闲散资金全部买入货币型基金,然后在基金销售平台中设定,定期把货币型基金定期转换到要定投的目标基金中去。

问题又来了,什么是基金转换呢? 也就是说,当手上拿着一部分货币型基金时,想把它转为该公司旗下的另外一只基金,不用赎回货币型基金再重新申购另一只基金,而是直接把货币型基金里面的钱转到另外一只基金中去。这种方式在市场波动较大的时候常常会用到。比如,觉得股市要大跌的时候,可以把股票型基金转换为货币型基金;当股市回暖,就可将货币型基金转换为股票型基金。

很多基金销售平台支持定期转换功能。我们可以设定为每个月将若干金额的货币市场基金定期转换为打算定投的基金,如此既免去手工操作的麻烦,而且也可以实现当日成交,避免了资金的闲置。不管我们手中有哪个行的银行卡,只要是基金公司销售平台支持的,都可以无费用买入货币型基金,通过最低 4 折的补差手续费转换为股票型基金,既省钱又方便。

当然,上述方法的前提是货币型基金和要定投的这只基金必须隶属于一家基金公司,而且销售平台支持定期转换的功能。

存款"货比三家"不如择"基"

就在上个月,在三年来首度不对称降息的同时,央行还有史以来首次放开了存款利率上限,一年期定存最高利率上限达3.575%,甚至超过降息前利率。不少储户为了增加利息收入,"货比三家"后准备将存款转移到利率更高的银行。

事实上,频繁转存往往得不偿失。笔者建议,不妨选择货币型基金这类中短期储蓄替代品,不仅可以享受远高于活期甚至定存的利率,同时还能获得更高流动性和更多便捷性。

根据2004年8月16日证监会和中国人民银行联合发布的《货币市场基金管理暂行规定》的规定,货币型基金只能投资于一年以内的银行存款、大额存单、短期债券、债券回购以及央行票据等,不可投资于可转债和股票,因此,货币型基金具有安全性高、风险极低,资金流动强、收益率较高等优势。投资者赎回货币型基金后,资金可以在第二个工作日回到投资者银行账户,其流动性几乎可以与银行活期存款不相上下,但收益率却往往数倍于银行活期存款利率。

数据显示,从2011年10月份至今,整个货币型基金的7天年化收益率基本维持在 4%～5% 左右，少数时间段还出现过高达 10% 的 7 天年化收益率，如信诚货币型基金在 2012 年 6 月 28 日至 7 月 5 日的 7 日年化收益率平均超 15%，这远远高出银行活期存款，也高于银行一年定存的利息。

值得注意的是，货币型基金除了上述的本金安全性高、流动性好、收益较高的特点外，其交易零成本——申购赎回无需支付任何手续费的特点也深受投资者认可。

正是由于如此，货币型基金无疑成为了那些寻求资金安全及下一个投资机会的资金的蓄水池与避风港；此外，对于各种类型的投资者来说，货币型基金作为一种现金类资产，也具备资产配置的价值。

尤其是当面对宏观环境的不确定性时，那些对后市"举棋不定"的投资者，可以先暂时"潜伏"在货币型基金里，当其他市场出现更好的投资机会时，投资者可以很快将手中的货币型基金转换成其他大类资产。

巧用货币型基金赚钱更有"方"

风水轮流转，曾经不为人所熟知的货币型基金如今变成了投资者非常关心的理财品种。

2011年市场表现疲软，货币型基金却一枝独秀，成为弱市中的基金王者。今年以来，货币型基金持续了去年四季度以来的高收益行情。以信诚货币型基金为例，2012年信诚货币 B 收益率为4.59％远高于一年期定期存款利率。那么，究竟如何投资货币型基金为佳？

大家应该都记得《倚天屠龙记》里张无忌的绝学"乾坤大挪移"，货币型基金投资也可使出这一招，即充分利用货币型基金，通过基金转换来提高自己的投资收益。

第一招，如果您的股票型基金获利已达到满足点，准备将手上的股票型基金获利了结，但目前尚无资金使用需求，与其将钱放在银行存款里，不如将手上的股票型基金转换至货币市场基金，可让资金的运用更为灵活。

第二招，当经济景气周期处于高峰，面临下滑风险，您应开始逢高获利了结持有的股票型基金，将其逐步转成货币市场基金。

第三招，当股票市场将从空头转为多头，您应将停留于货币市场基金的资金及时转换到即将复苏的股票型基金里，抓住股市上涨机会。

我们可以看到，巧妙利用"货币型基金＋基金转换"的投资策略，一招"乾坤大挪移"即可让您的基金投资在市场震荡行情下游刃有余。

不过，需要提醒的是，大家还应该选择产品线齐全的基金公司的货币型基金作为投资对象，以便给将来市场转变后的投资布阵留下充足余地。目前信诚基金旗下产品涵盖股票型基金、指数基金、混合基金、债券型基金、货币型基金及 QDII 基金六大类，不同风险收益特征的多层次产品线完善齐备，投资其货币型基金就有很大的腾挪回旋余地。

需要强调的是，投资者应保持合理的风险收益预期，不能寄希望货币型基金长时间稳定在接近三年定存利率的高收益水平。如果市场结构发生变化，货币型基金收益率开始出现持续下降，投资者也可以适时地把货币型基金转换成其他基金，如同属低风险的债券型基金。另外，配置货币型基金的主要目的绝不应是为了博取高收益，从本质上讲，货币型基金只是现金管理工具，是为管理你的资产流动性服务的。

投资货基善用"星期五效应"

最近网上热帖"榨干银行利息",跟帖者无数,大家都认为帖子中所提到的存钱方式,值得向更多不懂得如何将闲钱保值增值的人推荐。帖子主要内容是:利用网上银行每天存 50 元 5 年期定存,充分榨干银行利息。发帖人说,不管钱多钱少,只要是闲钱就要充分利用。这是个可行的存款利息增收思路,但如果考虑流动性,银行存款收益就远不及货币型基金了,因此,将闲钱购入货币型基金的效果会更好。

货币型基金作为流动性极佳的现金管理工具,特别适合闲余资金的管理。同时现在有了网银之后,可以省去了跑银行的麻烦,操作极为便利。但是我们在购买过程中,却有一些小细节容易忽略:比如星期五就是个很关键的时间点。

首先,我们应该尽量避免周五申购。

货币市场基金的收益是从交易确认日开始计算的。也就是说,如果你在 T 日提交购买申请,要下一个工作日(T+1 日)才能确认,即 T+1 日才开始计算收益。如果投资者周五申购货币市场基金,要等到下周一才能确认并计算收益,无法享受周六、周日的收益。

其次,我们推荐周五做赎回。

货币型基金是快速转换器,假如要赎回一只股票或债券型基金,直接赎回操作通常是 T＋4 日到账,而如果先将其转换为同一基金公司的货币型基金,T＋1 后再将货币型基金赎回,资金则可早到账一日,同时还有一天的货币型基金收益。此法资金量少时效果还不明显,量大的话这样的赎回方法收益和时效性区别就很明显了。特别是在周四做赎回的话,直接赎回是 T＋4 个工作日,周六、周日是假日不计算在内的,下周二资金才到账;但如果是周四转换为货币型基金,周五再做货币型基金赎回,还可有周六、周日的货币型基金收益,这个效果更加明显(注:这个要看销售渠道,一般直销可以做到,代销则不一定)。

最后,选择货币型基金要特别注意两点:一是关注万份收益指标。投资者在购买货币型基金时,应关注该基金周末或者节假日期间的万份收益。由于周六和周日的万份收益一般会合并公布,因此将周六周日的万份收益除以 2,再乘以 365,就是根据当前数据计算出的该货币市场基金投资组合的年万份收益;二是选择产品线比较完善的基金公司的货币型基金,以方便将来根据市场行情变化快速转换旗下其他类型基金,获取更高收益。

"黄金周"理财:人闲钱不闲

2012 年中秋、国庆再度相遇,A 股市场面临长达 9 天的"休息",国内股市、期市将暂停交易 9 天。投资者除了享受闲暇时光外,一些"聪明"的资金也在盘算如何做到"人闲钱不闲"。

对于选择持币过节、追求资金安全的投资者来说,货币型基金是不错的选择。长假期间持有货币型基金的好处首先是方便。

目前市场已有 111 只货币型基金,规模超过 4 000 亿元。对于已开立基金账户的投资者来说,只要在网银或是银行渠道就可购买,不用支付任何申购赎回费。而且买货币型基金远比把钱存在银行合算,货币型基金的收益也高于银行 7 天通知存款。

另外,购买货币型基金还有节后转股基的便利。

不过,需要提醒的是,根据证监会相关规定,基民在法定节假日前最后一个开放日申购或转换转入的货币市场基金份额不享有该日和整个节假日期间的收益。因此,对于在休市前没有暂停申购的货币型基金,基民也要避免在法定节假日前一天申购,应该再提前一天申购。本次节假日,9 月 29 日资本市场休市,投资者最好能在 9 月 27 日之前购买货币型基金。

　　和货币型基金国庆期间不"休息"一样，海外市场也不"打烊"，作为连接海外与中国投资者的桥梁，合格境内机构投资者（QDII）基金在长假期间也值得关注。

　　2012 年以来，由于海外市场远远好于 A 股市场，所以 QDII 基金表现明显好于普通股票基金。尤其是本月美国发起 QE3，黄金等大宗商品再次成为市场焦点。在此影响下，与大宗商品挂钩的 QDII 产品表现强势，大宗商品类主题基金表现不错。如国内首只以全球大宗商品命名并作为主要对象的主题基金——信诚全球商品主题基金，该基金设计亮点之一是广谱投资，投资领域多元化。和单一的黄金基金、油气基金相比，信诚全球商品主题基金主要特点就是在全球范围内灵活配置能源、贵金属、农产品和基础金属四类大宗商品相关资产，利用各类产品不同的特性，分散单一标的物所带来的风险。

抓住货币型基金的"冬收行情"

2012 年以来货币型基金表现亮眼。据银河证券基金研究中心统计,前三季度货币型基金 A 类份额的平均年化收益率达到了 3.62%,不仅大幅跑赢了活期存款利率,甚至超出当前银行一年期定存基准利率,同时也超过了 2011 年全年 3.47%的平均年化收益率。

以信诚货币 A、B 为例,据银河证券基金研究中心数据,在 2012 年,信诚货币 B 全年收益率 4.59%,同类排名第 2,该收益率均大大超越了银行 1 年定期存款利率,亦不输于大量银行理财产品,显示出货币型基金作为一种短期理财工具的优势。

而从更长的历史维度来看,从 2004 年至 2011 年 9 月 30 日长达 8 年的时间里,货币型基金累计收益率高达 21.29%,分别高于同期活期存款、七天通知存款利率 16.51、8.37 个百分点。2011 年货币型基金以 3.47%的平均年化收益率成为该年唯一上涨的基金品种。

此外,与银行理财产品相比,货币型基金除了收益率并不逊色外,主要以其低门槛和高流动性为主要优势。银行理财产品一般

门槛在 10 万元以上,而货币型基金的门槛却极低,普遍门槛在
1 000元。从各个角度看,货币型基金这一资金管理工具都显示出
更高的性价比。

　　值得注意的是,货币型基金每年年末的翘尾行情通常是大概
率事件,岁末年初是货币型基金最具魅力的时刻。我们知道,货币
型基金主要投资于银行间货币市场,各类利息收入是其主要业绩
来源。鉴于第四季度企业或个人的用钱需求最为旺盛,导致短期
资金借贷成本上升,资金面有望进一步推升货币型基金的收益率。

　　从 2012 年岁末的政策层面来看,在市场谨慎判断经济通胀形
势下,短期内央行降低存准率和基准利率等大力度放松措施的概
率较低,持续逆回购成为调控市场利率的常规手段。在市场资金
面维持中性偏紧态势下,年底资金利率将很可能再度惯性出现"翘
尾"行情。截至 2011 年 11 月 30 日,与货币型基金收益相关的 3 个
月上海银利间同业拆放利率连续 21 个交易日上涨,达到 3.825 6%
的利率高位。年末正值货币型基金的最佳配置时间,预计货币型
基金将迎来一波较长的"冬收"行情。

巧用货币型基金让闲钱"过节"

圣诞节一过,元旦小长假又将至。投资者除了享受闲暇时光外,一些"聪明"的资金也在盘算如何做到"人闲钱不闲"。对于选择持币过节、追求资金安全的投资者来说,巧用货币型基金,可让手中的闲钱在节假日中为自己带来一定的收益。

作为一类现金管理工具,货币型基金凭借其稳健的收益、极低的风险和灵活的流动性,成为许多投资者大类资产配置中不可或缺的部分。事实上,它也可以成为短期闲钱的"中转站"。

目前市场已有 111 只货币型基金,规模超过 4 000 亿元。对于已开立基金账户的投资者来说,只要在网银或是银行渠道就可购买,不用支付任何申购赎回费。而且买货币型基金远比把钱存在银行合算,货币型基金的收益也高于银行 7 天通知存款。

以货币型基金的方式让闲钱"过节"好处多多。首先是收益较高。尽管今年以来央行屡次调降存款准备金率和存贷款利率,货币型基金仍保持了较高的收益。以信诚货币型基金为例,信诚货币 B 在 2012 年的收益率为 4.59%,与活期存款比较超额收益明显。

货币型基金主要投资于流动性较好的货币市场工具，其收益率与投资对象、持有时间等相关。节假日证券市场休市，货币型基金也不进行买卖操作，没有价差收入，但依然可获得所持券种的利息收入，因而在小长假期间同样可以获取收益。

另外，由于货币型基金申购、赎回不收取交易手续费，小长假后投资者可以方便地将其转换为同一基金公司旗下的指数基金、股票型基金或混合基金，以便及时把握节后的投资机会。

需要提醒投资者的是，根据证监会规定，在法定节假日前最后一个开放日申购或转换转入的货币市场基金份额，不享有当日和整个节假日期间的收益。对于在休市前没有暂停申购的货币型基金，有兴趣的投资者应注意提前申购。

春节理财首选货币型基金

蛇年春节将至,从 2 月 9 日除夕开始,2013 年春节期间有 9 个非交易日。很多投资者或者企业都亟需一种能让流动资金在过年期间收益最大化的理财产品。从选择上来看,大家可以选择银行产品或去年表现优异的货币型基金达到上述目的。但从目前实际情况来看,存银行收益低,而风险低、变现快的货币型基金既可以帮助投资者在 9 天长假中获取一定的收益,人闲钱不闲,还能在节后用钱高峰到来之时及时变现。

值得一提的是,从货币型基金的收益来看,在刚刚结束的 2012 年,货币型基金也交出了令人"羡慕"的成绩。以去年的货币型基金收益亚军——信诚货币型基金——为例,银河数据显示,其收益大幅跑赢业绩比较基准,A 类和 B 类 2012 年全年分别取得 4.34% 和 4.59% 的收益率,这一数字甚至超出三年期银行定存(目前为 4.25%)。业内人士表示,作为一类安全性最高、流动性最好的基金产品,货币型基金能以媲美活期存款的流动性获取超过定期存款的收益,不论是对个人客户还是对企业客户来说,都是一类很好的理财配置工具。

需要提醒大家的是,常常有投资者把货币型基金与债券型和股票型基金混为一谈,其实,货币型基金最核心的定位是现金管理工具,请注意"现金"二字,它第一位的要求是流动性,其次才是收益性,因此其长期配置功能是三者中最差的。但其最大的魅力就是,你可以以0申购费用把账户里用于日常开销的活期存款申购货币型基金,等到需要支付时,即时取现,而且在手机上都能方便实现。而投资者获得的是超过2%以上的年化收益率(去年货币型基金最低的年化收益率为2.3%,最高为4.65%),远高于0.35%的活期存款利率。

在很多国家,货币市场基金成为许多机构和个人在股票市场低迷时的蓄水池和避风港,被称为"准储蓄"。比如在美国,私人持有的货币市场共同基金计入M2,法人持有的被纳入M3进行监控。

另外,我们在申赎货币型基金的时候,还要注意时间,如我们应该尽量避免周五申购。货币市场基金的收益是从交易确认日开始计算的。如果投资者周五申购货币市场基金,要等到下周一才能确认并计算收益,无法享受周六、周日的收益。反之,在赎回货币型基金的时候,我们推荐周五做赎回。这样可以享有周六、周日的货币型基金收益。

抓住货币型基金的"翘尾行情"

临近春节,发了年终奖的市民在置办年货的时候,也开始挑选过节期间的理财产品。理财专家表示,收益持续攀高的货币型基金成为投资者年终奖短期投资新去向。通过投资货币型基金,既可在春节期间获取投资收益,同时货币型基金作为现金管理工具,也方便投资者在需要资金时及时取出。

值得注意的是,货币型基金每年年末都会出现大概率的"翘尾"行情,这也使得岁末年初是货币型基金最具魅力的时刻。

我们知道,货币型基金主要投资于银行间货币市场,各类利息收入是其主要业绩来源。鉴于岁末年初企业或个人的用钱需求最为旺盛,导致短期资金借贷成本上升,资金面有望进一步推升货币型基金的收益率。

而从岁末的政策层面来看,在市场谨慎判断经济通货膨胀形势下,短期内央行降低存准率和基准利率等大力度放松措施的概率较低,持续逆回购成为调控市场利率的常规手段。在市场资金面维持中性偏紧态势下,年底资金利率将很可能再度惯性出现"翘尾"行情。

以信诚货币型基金为例,Wind 数据显示,信诚货币 A2012 年全年收益 4.34%,在同类 49 只货币型基金中排名第四;信诚货币 B 去年收益为 4.59%,在同类货币型基金中排名第二,均远高于活期存款,也大大超越了银行 1 年定期存款利率,亦不输于大量银行理财产品,显示出货币型基金作为一种短期理财工具的优势。

而从更长的历史维度来看,从 2004 年至 2011 年 9 月 30 日长达 8 年的时间里,货币型基金累计收益率高达 21.29%,分别高于同期活期存款、七天通知存款利率 16.51、8.37 个百分点。2011 年货币型基金以 3.47%的平均年化收益率成为该年唯一上涨的基金品种。

与银行理财产品相比,货币型基金除了收益率并不逊色外,主要以其低门槛和高流动性为主要优势。银行理财产品一般门槛在 10 万元以上,而货币型基金的门槛却极低,普遍门槛在 1 000 元。从各个角度看,货币型基金这一资金管理工具都显示出更高的性价比。

另外,购买货币型基金还有节后转股基的便利。

不过,需要提醒的是,根据证监会相关规定,基民在法定节假日前最后一个开放日申购或转换转入的货币市场基金份额不享有该日和整个节假日期间的收益。因此,对于在休市前没有暂停申购的货币型基金,基民也要避免在法定节假日前一天申购,应该再提前一天申购。本次节假日,2 月 9 日资本市场休市,投资者最好能在 2 月 8 日之前购买货币型基金。

7 玩转分级基金

一只基金三种口味：总有一类适合你

正如眼下很多餐厅都流行一菜多吃一样，基金公司为了满足基民的不同口味，不断推出创新产品，于是便有了分级基金。如果你想战胜大盘，可以选择含杠杆的激进型，如果你觉得还是稳妥点好，也可以选择固定收益型，或者两者搭配。

业内人士甚至预言，今年将进入"分级基金"年，分级基金已经成为时下的"流行菜"。

其实，分级基金并不复杂，只是用不同的小料，把一道菜做成几种不同的口味。以最新的一只分级基金举例说明，便可管中窥豹。如2011年2月发行的信诚中证500指数分级基金，便是一只基金三种"口味"，简单地说，就是分为母基金、固定收益类和具有杠杆特征的激进型三类份额。

母基金，即信诚中证500指数基金作为一只普通的指基，完全被动复制指数，有点类似于原味菜品。与"原味"相比，分别加入两种不同的小料便有了另两种口味，也就是信诚中证500普通份额按4∶6的比例分离成信诚中证500A份额和信诚中证500B份额。其中，信诚中证500A份额是固定收益类的，具有固定收益、年年分红的特征,其收益为 1 年期同期银行定期存款利率(税后)+3.2%,剩余净资产全部计入信诚中证 500B 份额。所以信诚中证 500B 份额则偏激进,有杠杆机制。

对于分级的解读是,信诚中证 500A 份额享有优先确保本金及收益的权利,其约定年收益率为 1 年定存利率+3.2%利差。而信诚中证 500B 份额则通过杠杆机制,在承担较高风险的同时,追求最高近 4 倍于基准指数涨幅的收益率。

对于投资者来说,信诚中证 500A、500B 份额就像"双色火锅"一样,A 份额是清汤,味道虽然淡,但是具有低风险稳健收益的特点,可满足追求稳定回报的投资者需求;而 B 份额就是红色锅底,足够火辣,适合重口味的投资者——其杠杆收益特征适合风险偏好程度较高、追求超额回报的投资者;而信诚中证 500 普通份额完全复制中证 500 指数,就像一个既喝清汤也吃辣的投资者,旨在追求市场平均收益。

不管你是喜欢清淡口味,追求麻辣风暴,还是二者兼有,在分级基金中,你都可以找到适合自己的份额。

分级基金:把蛋糕切开来吃

经常有人用"切蛋糕的刀"来形容分级基金的分级方式,因为如果把基金收益比喻为蛋糕,那么分级方式恰如一把切蛋糕的刀子,将基金收益分割成不同风险收益特征的份额,让投资者根据自己的偏好来选择——是要分量比较大的那块,还是上面有草莓的那块呢?

根据分级方式这把"刀"的不同,基金收益这块蛋糕也在不同的分级基金中被切出了新花样。以信诚中证 500 指数分级基金为例,分级方式"切"出风险收益特征不同的两块"蛋糕":

1. 稳健收益类份额。这部分份额享有优先分配的基准收益,比如信诚中证 500A 份额约定收益率为当年年初一年定存利率加 3.2%(目前为 5.95%),这对各种类型的投资者都具有吸引力。而且与之相对应的风险也较低,一般来说,只有基金整体净值出现超大幅度的下跌才可能出现负收益。

2. 杠杆类份额,这类份额可以通过收益分配机制获得一定的杠杆,从而获得超额收益,不过也相应承受更多下跌风险,适合偏好高风险高收益产品的投资者。如信诚中证 500B 份额,初始最大杠杆为1.67倍,最大放大杠杆接近4倍。

同一个产品出现不同的"新口味"——灵活选用分级基金的不同份额,有助于投资者根据个人风险偏好选到更称心的投资产品。

不过,值得注意的是,虽然分级基金的蛋糕不同的切法给投资者带来更多的投资乐趣,以及不同的风险与收益体验,但是投资者需要明白的一个事实是,分级基金只是把蛋糕切开来吃而已,本身并不能够使得蛋糕变大,所以投资者在选择相关的产品时,除了要关心其分级的不同之处,还要关注"母基金"的投资能力。

事实上,作为最具成长性的指数之一,中证500指数的样本股涵盖多样化的投资主题,契合"十二五"规划的纲要,能充分受益于我国经济结构转型带来的产业和消费升级机会以及新兴产业发展机会。据Wind资讯统计,从2008年10月28日上证指数触底反弹以来,截至2010年11月30日,上证综指的涨幅为59%,深证成指的涨幅为109%,中证100指数的涨幅为57%,沪深300指数的涨幅为84%,而同期中证500指数的涨幅达到211%。

如何做好分级这道选择题？

"今天你分级了吗?"随着分级基金的发行火热,投资者对分级基金也开始高度关注。不过,分级基金毕竟是创新产品,尤其是其"分级"的概念,往往会使普通投资者觉得较为复杂,从而在进行投资前犹豫不决,不知该选择哪一种分级份额。

看似纷繁复杂的分级产品,归根结底为投资者提供了更多的选择权。传统的基金组合需要 2 只或以上的产品去构建,而分级产品,则可以通过一只基金构建不同投资方式的"攻守兼备"组合。不仅如此,投资者还可以根据自己的风险偏好,在场内调配高、低风险品种的比例,实现"自助式"投资基金。

从目前市面上出现的多只分级产品来看,一般一个基金有三种不同风格的份额设置。以正在发行的信诚中证 500 指数分级基金为例,该基金分为场外和场内两类份额,其中,场外份额是一只指数型基金,场内份额按照 4∶6 比例,分成信诚中证 500A 份额与信诚中证 500B 份额。份额具有低风险稳健收益的特点,约定收益率为"1 年期同期银行定期存款利率(税后)+3.2%";B 份额存在最高杠杆 3.82 倍回报的收益预期。

　　在了解分级产品的分级构造以及自身风险承受能力与投资需求后，就可以做好不同份额间的"选择题"。譬如，稳健型投资者可以"单选"信诚中证500A份额；风险承受能力较强以及对杠杆基金有需求的投资者，则可以"单选"信诚中证500B份额，此外，对分级基金了解有限的投资者也没有必要患上"分级恐惧症"，因为在银行购买该基金的场外基金份额，其实就相当于普通指数型基金产品。

　　同时，也能对其进行"多选"，即同时持有A、B两类份额。一方面，可以利用分级基金的创新设计，起到类似资产配置的作用；另一方面，也可以通过分级产品的"配对转换"机制实现各种套利交易。如当信诚中证500A、500B的交易价格出现整体性折价时，投资者可以通过在二级市场买入一定数量的A类份额和B类份额，并按照4∶6比例合并成基础份额后赎回，获取套利收益；当两类份额的交易价格出现整体性溢价时，则可以通过申购基础份额并分拆成信诚中证500A、500B份额后卖出，获取套利收益。

　　不过，值得提醒的是，对分级产品的不同份额无论是"单选"还是"多选"，投资者都应该根据自身的风险承受能力和实际情况，做好这道选择题。

口味不同有"肉"吃

2011 年 6 月 20 至 7 月 15 日,20 个交易日上证指数上涨 7.59%;而信诚 500B 单位净值增长 14.46%,二级市场交易价格更是飙升 25.98%。4 月 19 日至 6 月 20 日,上证指数下跌 14.26%,14 只分级基金保守份额均实现正收益,其中信诚 500A 单位净值涨 1.08%。

市场上涨时,杠杆份额可以抢反弹;市场下跌时,类固定收益份额则成了避风港——一只基金同时具备两种份额,依据市场变化充当不同角色——这就是分级基金的魔方,玩转它,有肉吃。

与投资传统基金需要 2 只或以上的产品去构建组合不同,分级基金则可以通过一只基金构建不同投资方式的"攻守兼备"组合。

从目前市场上,一般一个基金有三种不同风格的份额设置。以信诚中证 500 指数分级基金为例,该基金分为场外和场内两类份额,其中,场外份额是一只指数型基金,场内份额按照 4:6 比例,分成信诚 500A 与信诚 500B:A 份额具有低风险稳健收益的特点,约定收益率为"1 年期同期银行定期存款利率(税后)+3.2%";B 份额存在最高杠杆 3.82 倍回报的收益预期。

分级基金的杠杆份额之所以能在市场反弹时表现优于其他基金,是因为产品设置中加入了高杠杆。相当于 B 份额向 A 份额融资,B 融资的成本就是向 A 支付固定的利息,获得是融资后带来的杠杆效应。而 A 通过借钱给 B 获得约定的利息收入。按照基金契约,A 的收益会得到优先保障,具有约定净值收益。所以其净值增长并不受市场涨跌影响。

对于投资者来说,分级基金的 A、B 份额就像"双色火锅"一样,A 份额是清汤,味道虽然淡,但是具有低风险稳健收益的特点,可满足追求稳定回报的投资者需求;而 B 份额就是红色锅底,足够火辣,适合重口味的投资者——其杠杆收益特征适合风险偏好程度较高、追求超额回报的投资者;而分级基金的母基金份额,则像一个即喝清汤也吃辣的投资者,旨在追求市场平均收益。

不管你是喜欢清淡口味,追求麻辣风暴,还是二者兼有,在分级基金中,你都可以找到适合自己的份额,在市场下跌或者上涨的时候,都保证可以吃到"肉"。

如何选择杠杆基金？

杠杆基金自面市以来深受激进型投资者偏爱。特别是在本轮从 2011 年 6 月 20 日 2 611 点的反弹中，杠杆基金更是成为市场基金亮点，无论是净值还是市场交易价格，杠杆基金（指分级基金中的杠杆份额，下同）包揽了涨幅前五名，赚钱效应明显。

事实上，每当市场出现较有力度的升势，该类基金就会有远超股指的表现。不过，当市场出现下跌时，波动也远超股指的表现。所以，杠杆基金更适合有较强市场波动承受能力和较强判断能力的投资者参与。

这就带来一个关键的问题：对于投资者来说，如何巧妙利用分级基金"杠杆效应"博取最大收益呢？

我们知道，分级基金可分为两类：一类属于主动管理型基金，一类属于被动管理型指数基金。从管理方式来看，指数分级基金能有效减少基金经理主观因素的影响、降低管理成本，并且提高基金净值的透明度和可预期度。因此，相对来说，指数型杠杆基金更适合博取杠杆收益的投资者。

那么选择怎么样的指数分级基金也有讲究。对指数分级基金来说,指数的表现在较大程度上决定了母基金的表现。目前市场上的指数型分级基金跟踪的指数主要是:深证100、中证100、沪深300、深成指和中证500。

简单来说,深证100指数成份股偏小盘,房地产、医药股权重较高;中证100指数完全以大盘股为主,尤以金融股占多;沪深300指数以中大盘为主,主要侧重金融服务、能源、工业;深成指也是中大盘,权重高的行业是食品饮料、金融服务和房地产;而中证500指数主要以中小盘为主,前五大权重行业依次是化工、房地产、医药生物、机械设备和商业贸易。

根据对市场的判断,我们应该选择相应的指数分级基金,来博取最大收益。我们以本轮反弹涨幅最高的信诚500B为例,该杠杆基金跟踪的是中证500指数。在2011年6月20日至7月15日短短20个交易日,信诚500B大涨25.98%,领涨杠杆基金;同期中证500指数涨近14%,也是几大指数中涨幅最高的。

值得注意的是,实证也表明,2005~2010年,中证500指数算术平均收益率为66.70%,比沪深300指数高30.32个百分点。

买杠杆基金应何时入场?

从 2010 年 7 月、10 月份和 2011 年 6 月底的三波反弹行情中,杠杆基金(即分级基金中的杠杆份额)的涨幅均远远地领先于其他基金。杠杆基金也借此开始全面进入投资者的视野。

我们知道,与普通开放式基金相比,因杠杆放大效应,每当市场出现较有力度的升势,杠杆基金就会有远超股指的表现。尤其是指数型杠杆基金,与股指的联动性极强,这一特点既可以让你在升势中有效避免直接投资股票或普通开放式基金时那种"赚了指数不赚钱"的尴尬,当然,也可以在跌势中将你的亏损幅度放大。

因此,杠杆基金最好的投资方式就是低买高卖,但是与猜测市场底部和顶部一样,做到这一点往往是很难的事情。那么,怎样投资杠杆基金呢? 笔者认为,通常当市场处于以下三种状态时,并不适合买入杠杆基金:

1. 当市场在经历了一段升势,表现出赚钱效应,坚决看多的声音占据了舆论的主导地位后,股指突然从高位暴跌。这很可能是市场已经进入高风险区域,在此期间买入杠杆基金得不偿失。

2. 当市场经历多日下跌并且跌幅可观,许多专家断言不可能跌破某支撑位时。是不是底部绝不会取决于某些人的主观意愿，此时抄底通常会抄在"半山腰"。

3.当市场呈现遇重大阻力即回落，遇重要支撑就上涨的盘局特征，尤其是当股指上下窄幅波动时。杠杆基金同股指的联动性极强，股指波动幅度过窄，很可能让你无利可图，白白损失手续费。

介绍了"三不买策略后"，那么究竟应该选择什么时机买入杠杆基金呢？

首先，需要正确判断市场。在入场的时机上，归纳起来应该具备这样几项特征：市场遇利空不跌，甚至低开高走；市场整体成交量萎缩至地量水平；各个主要板块已经跌得面目全非，无一幸免；媒体上看空声音不绝于耳。这四项只要符合其中三项，就是真到了该进场抄底的时候。

第二，应深入了解每个分级基金的产品特性，如杠杆率变化、资产配置状况、份额折算以及配对转换等合约约定，选择相应的标的指数和杠杆率的分级基金。

最后，还要建立完善的风险控制体系。

抄底利器：分级基金杠杆份额

我们知道，股神巴菲特的投资策略是：股市大涨时反贪，及早退出；股市大跌时反恐，趁机抄底捞便宜；在看好中长期的情况下，大跌大买，越跌越买，而不是割肉离场。

而作为分级基金的杠杆份额（又称杠杆基金），则成为许多投资者抄底抢反弹利器的首选。以上轮 2012 年 6 月 20 日至 7 月 15 日的反弹为例，上证指数从最低的 2 610 点上涨到 2 820 点，涨幅 8.04％，而有一半杠杆基金涨幅超过 15％，其中涨幅最大的信诚 500B 达 25.98％。

杠杆基金交易价格大涨有两个主要的原因。首先是因为净值大幅上涨。杠杆基金净值涨跌幅有杠杆的放大作用，目前杠杆大多在 1.6～2.5 倍之间。也就是说，当基础份额上涨 1％，杠杆基金净值将上涨 1.6％～2.5％。因此当大盘上涨时，杠杆基金的净值会上涨更多。其次，被市场看好的品种会出现溢价，即价格的涨幅超过净值的涨幅。因此，净值上涨加上溢价率走高是分级基金表现抢眼的两个主要原因。

那么，如何利用杠杆基金抄底呢？笔者建议重点考虑以下四个方面：

第一，杠杆的大小，在投资时需要先弄清楚杠杆的大小，明确风险和收益放大的比例。

第二，是否可以配对转换。配对转换机制是分级基金独有的一种交易方式，通过基础份额和优先份额、杠杆份额的配对转换，可以保证分级基金整体折溢价保持稳定。

第三，看基础份额投资标的是主动管理型还是被动指数型。通常来说，波段操作的投资者应该选择指数型分级基金，因为指数型所包含的行业分布和个股比较明确，更有利于做出判断和操作。

第四，看基础份额投资标的是大盘股风格还是中小盘股风格。如上轮上涨中，小盘股表现较好，中证500指数涨幅大于其他指数，因此信诚500B的涨幅也远大于其他杠杆基金。

不过需要提醒的是，由于杠杆的作用，在行情不好的时候，杠杆基金一般也会跌得比较多。因此，杠杆基金是一种高风险、高收益的投资品种，投资者在介入之前应该充分考虑自己的风险承受能力。

"博反弹"首选杠杆指数基金

上证指数上一次在 3 000 点以上,已经是 4 个月前(编者注:2011 年 4 月)了,面对持续低迷的行情有人恐惧,也有人已经开始考虑布局反弹。那么当前情况下投资者应该如何购买基金,才能在下波反弹中获取最大获益? 在经过几轮市场大反弹行情的考验后,答案呼之欲出:杠杆基金(即分级基金中的杠杆份额)。

目前市场上分级基金主要分为主动型和被动型管理两大类型。那么是选择主动型分级股基还是被动管理的指数分级基金呢?

我们知道,当市场开始反弹时,主动管理型基金业绩往往不如指数型基金表现出色,这主要是因为单边上涨的行情中板块轮动较快,主动管理的股票型基金很难在短时间内及时准确调整资产配置。而指数化的被动投资凭借高仓位、广泛的分散化、最少的组合变动和交易成本,可以在单边的反弹行情中占据很大的优势,从而表现好于主动管理型基金。

特别是对于分级基金来说,主动型产品要受到基金经理知识、经验、判断、决策及其他主观因素和基金公司整体投资能力等因素的影响,投资者对该类基金未来表现很难判断。

而作为交易型产品的分级基金来说,衡量这种交易型工具是否便捷有效的重要标尺是其基金的走势是否易于被投资者预测和判断。对于采用被动化投资方式的基金产品而言,投资者只需研判该基金所跟踪标的指数的走势,就能对走势做出判断,并相机进行交易。如看好中证 500 指数反弹,那么就参与跟踪中证 500 的杠杆基金即可。

所以,笔者认为,如果认为指数要上涨,跟踪指数的杠杆基金自然是大家分享反弹行情的首选,这些杠杆基金在反弹过程中上涨得更快。2011 年 6 月 20 日~7 月 15 日市场反弹行情中,以信诚 500B 在内的杠杆基金的表现已经得到市场的认可,其中信诚 500B 又以 25％的涨幅领衔杠杆基金。

不过对于希望长期稳定分享市场平均收益的指数投资爱好者来说,指数分级基金又给他们多了一份增强型指数投资的选择。分级指数基金一方面给予投资人追求指数投资收益的机会,同时获得更多权利。如果看多市场,通过信诚 500B 的杠杆机制,可能迅速跑赢指数;如果看淡市场,适时转换成信诚 500A,获取稳健收益。

"寻宝"分级基金稳健份额:隐含年化收益的魔力

如何寻找能够跑赢 CPI 又不容易亏损的基金产品,是很多基民关心的问题。说到"稳定收益基金",许多人会马上想到如保本基金、货币型基金等低风险类型,而在这些相对知名度较高的品种之外,分级基金的稳健份额(即分级基金的份额 A)却往往为人们所忽视。

说到分级基金,很多人的第一反应都是带有高杠杆的激进型产品,其实这样的理解偏差较大。一般来说,分级基金根据风险程度分为两类份额:一类是大家相对熟悉的高风险激进份额,这部分往往在市场反弹中暴涨而受到市场普遍关注;另一类是很少被关注的低风险稳健份额。

实际上,分级基金稳健份额绝对算得上一类不错的产品。这些低风险稳健份额的约定收益率往往高于 CPI 的增速,而产品的收益也比较少地受股市波动的影响,可以作为投资者固定收益产品配置中的可靠选择。

目前分级基金已然不少,据笔者统计,市面上的股票型分级基金的稳健份额有 11 只,包括信诚 500A、建信稳健、银华金利、瑞福优先、同庆 A、估值优先、瑞和小康、双禧 A、合润 A、申万优先、银华稳进等。在低迷的市场中,这些净值岿然不动、一路向上的分级基金稳健份额让广大投资者眼中一亮。如信诚 500 分级自 2011 年 2 月 10 日成立以来,不管市场涨跌,信诚 500A 净值一路上升,至 8 月 29 日,信诚 500A 净值为 1.034 元,半年多升 3.4%。

分级基金稳健份额之所以是不错的投资之选,其产品设计是决定性因素。差异化分配方式是分级基金"创新"的核心体现。如果你仔细研究下分级基金的产品设计,你会发现其稳健份额在收益保障方面是相当靠谱。

较常见的一类是紧盯存款利率。以信诚 500A 为例,该类份额约定年基准收益率为"一年期同期银行定期存款利率+3.2%"。以 3% 的一年期定期存款利率计算,该基金年收益率应为"6.2%",基本跑赢了 CPI。

事实上,按照合同约定,信诚 500A2012 年 2 月 11 日到期折算,如果投资者在 2011 年 8 月 29 日买入并持有到期,以买入时的折价率 13% 计算,投资者现在买入信诚 500A,仅 6 个月左右时间可获得相当于超过 7% 的收益率,年化高达 14% 左右,优于许多企业债利率。

当然,分级基金也不是毫无风险,其风险在于其收益分配条款和到期期限。如不能单独进行赎回,需要在二级市场抛出才可还本,还本不确定性很大,市场价格也因此波动较大。

分级基金简要购买守则

我们曾经分析过分级基金稳健份额的隐含投资价值，其某些时候的隐含率化收益率确实非常吸引人。如信诚 500A 的隐含年化收益率超 14%。那么，我们应该选择什么时机介入分级基金的稳健份额呢？

先来简单回顾一下分级基金的原理。分级基金是指通过对基金收益分配的安排，将基金份额分成预期收益与风险不同的两类份额并上市进行交易的结构化证券投资基金。一类是预期风险和收益均较低且优先享受收益分配的部分，称之为"A 类份额"，也就是通常说的稳健份额；另一类是预期风险和收益均较高且优先享受收益的部分，称之为"B 类份额"，即杠杆基金或杠杆份额。

类似于其他结构化产品，B 类份额一般"借用"A 类份额的资金来放大收益，而具备一定杠杆特性，也正是因为"借用"了资金，B 类份额一般又会支付 A 类份额一定基准的利息，这也就是 A 类份额的约定收益率。

我们通常可以看到，A 类份额在二级市场的折价与 B 类份额的涨跌有关。如市场大幅反弹，B 类份额的可投资价值上升，二级市场价格大幅上涨，但因为整体溢价扩大会带来套利机会，这个时候 A 类份额折价也相应扩大。

这种情形也可以换一种逻辑进行解释。因为 B 类份额无法单独以净值进行申购，当市场对 B 类的预期收益一致看高时，投资人或者从二级市场上以更高的溢价买入；或者申购基础份额并拆分后，以更低的折价抛掉 A 类份额来获取 B 类份额。后一种情况意味着，A 类份额的投资人可以以更低的价格来获取份额，赚取约定收益，从而提高收益。也就是说，大家愿意以更高的代价来获得 B 类份额，B 类份额用更高的代价来融资，而 A 类份额也可以以更高的资金收益去融出资金。因此，这个时候，往往是买入 A 类份额的好时机。

总的来说，我们可以将 A 类份额的购买守则简要总结如下：

从股市走势简单来讲，如果遇到熊市或者震荡市，因为稳健份额可以分得风险份额净值来补偿损失，可以作为很好的防守工具。

从利率角度来讲，由于分级基金按期折算时，稳健份额按约定收益将按当时定期利率来重新规定，若当时处于高利率状态，在下一个折算期后利率下跌，则稳健份额由于锁定了高利率，更值得购买。

从信贷角度讲，在信贷宽松的情况下，实际贷款利率将低于定期利率，则资金将流入稳健份额，此时稳定份额折价将收窄甚至溢价，稳健分额值得购买。

当分级基金遇上股指期货

　　对于大多数基金投资者来说，2011 年来一直持有基金的结果可能并不那么美妙，在伤痕累累之后对市场越来越丧失信心，而"保住本金"这一看似非常简单的初衷，也可望而不可即。

　　过去的一年，在 A 股市场不断向下寻底过程中，分级基金的价值开始被部分资金所发掘。如一些分级基金的优先份额（即稳健份额）的业绩让人眼前一亮："跑赢"一年定期存款利率（3.5％）、半年定期存款利率（3.3％）和三个月定期存款利率（3.1％）的基金分别为 14 只、16 只和 17 只，这些品种也基本被分级基金所包揽。

　　对于不少精明的个人投资者来说，投资"战术"可能更加巧妙。比如信诚沪深 300 指数分级基金的出现，将使得投资者在投资分级基金的同时，还可以把部分"兵力"参与到股指期货上。由此，即使在 2011 年 A 股市场震荡下跌的过程中，上述投资者也能从分级基金上获得"保本"，并拥有很强的流动性。同时，也能在股指下跌过程中获得一定"做空"利润。

　　正是有着股指期货的做空功能，使得热衷投资分级基金的资金将开始在市场上游刃有余。正如金庸笔下《射雕英雄传》里的

"双手互搏"，既能防御，又能进攻，从而令投资收益稳中有进。

其实，在一个没有做空工具的市场上，看空后市只能用清仓来规避风险，却无法通过实质性做空获得利润。但当股指期货和分级基金等创新工具诞生后，已经给部分资金提供了途径：如果当股指期货相对于沪深300分级基金出现溢价时，投资者可以在二级市场按照约定比例分别买入A类份额和B类份额，并在期货市场做空股指期货，至期货市场溢价接近消失时为止，从而套取期货市场溢价收益。

此外，投资者在对沪深300分级基金进行套利交易时，还可以利用股指期货对冲系统性风险，从而锁定收益，进行无风险套利交易。如当分级基金二级市场整体大幅溢价时，投资者可以场内申购基础份额，并且卖空股指期货，在T＋2日将基础份额分拆，T＋3日卖出分级份额，并将股指期货平仓。

"投基"要转换思维不"靠天吃饭"

股指期货出来之前,常有人抱怨,投资中国的股市只能在上涨时赚钱,即使对市场做出了准确的下跌判断,也无法从中盈利。股指期货出来之后,依然有人如此抱怨,原因是股指期货门槛太高,许多普通投资者无法参与其中去。

事实上,过去的 10 年中,GDP 每年都超过 9% 的增长,但股市却"零"上涨。这样的情形下,投资者需要思考:我们在投资上是否仍然要依赖"靠天吃饭"?

笔者认为,随着基金产品创新的深化,出路在于转换投资思维——投资者需要一个有效的风险分离和转移投资工具。对于基金公司来说,不光是提供基金,还应该提供给投资者更多的投资工具,如即将于 2012 年 2 月 17 日上市交易的信诚沪深 300 指数分级基金就是这样的产品。

撇开沪深 300 指数现时的估值优势不谈,分级基金本身就是一个风险分离和转移工具。分级基金把投资者群体按照风险偏好,分为风险程度相对比较低的约定收益的 A 份额,或者是风险程度偏高的杠杆 B 份额。

通俗地说，就好比一份可以有三种吃法的火锅。如果投资者判断市场已到底部，就可以购买分级基金的基础份额（即相当于一个指数基金）介入抄底；如果投资者更加确定后续反弹，还可以通过购买带杠杆的B份额，通过杠杆放大效应，更有效地获取反弹收益；而即便投资者对未来股市相对缺乏信心，也可以通过配置稳健A份额享受固定收益。

所以，分级基金能够覆盖所有类型的投资需求，比如说长期的、波段式参与反弹的或者固定收益需求。

而基金投资突破"靠天吃饭"，还在于新工具的引入。以股指期货套利为主要表现特征的"4.0"版分级基金，将充当优秀的风险分离和转移投资工具。如即将上市交易的信诚沪深300分级基金跟踪股指期货合约唯一标的指数，具有了其他分级基金没有的优势——投资者可以通过买卖信诚沪深300分级基金和股指期货，实现期现套利、对冲系统风险锁定折溢价套利收益以及无风险的"T＋0"套利。

A 类份额隐含收益率如何计算？

　　一石激起千层浪！分级基金给中国资本市场带来的效应，正是如此：A 类子基金可以进行固定收益投资，B 类子基金提供杠杆放大工具，C 类（母）基金则提供良好的套利机会。

　　分级基金的 A 类子基金（即优先份额 A）本质上就是一个永续年金，约定每年支付一定的利息。如信诚 500A 约定每年支付一年期银行存款利率＋3.2％，我们先来看 A 类子基金的定价：从本质上来说，A 类子基金就是按照永续年金的定价公式进行定价：$P_V = C_f / i$。其中，P_V 就是永续年金的市场价格，C_f 是每年支付的利息，i 则是市场利率。当然，知道了市场价格，我们同样可以反向推算出当天的隐含利率（市场利率）。

　　根据这个公式，我们可以用来计算 A 类子基金的隐含投资收益，以此作为我们投资时候的参考。我们以信诚 500A 在 2012 年 1 月 31 日价格和净值为例：二级市场交易价格 0.87 元，单位净值 1.06 元，约定利率为 6.2％，根据公式可以得出信诚 500A 当天隐含利率为 7.55％（相当于年化收益率），同日 10 年期的 AAA 级企业债的收益率为 4.83％，而信诚 500A 的风险几乎不可能高于企业债。

毫无疑问,从长期投资的角度来说,A类子基金是非常有吸引力的一个选择。

事实上,更为专业的投资者,还可以从修正久期(Modified Duration)的角度出发,严格测算出A类子基金和固定期限债券之间的套利机会。

值得注意的是,A类子基金的投资过程中,需要注意折价/溢价问题。目前市场上的所有分级基金产品的A类子基金普遍折价15%～20%,这主要是因为市场处于底部区域,投资者预期市场上涨,而上涨过程中,A类子基金相当于发行看涨期权,而投资者上涨预期越强,看涨期权价格越高,A类子基金折价就越高。如此类推,当市场强烈看跌时,A类子基金理论上存在溢价的可能。(作者为安苏投资总经理童国林,本文为信诚基金管理有限公司特约邀稿)

杠杆基金杠杆倍数如何计算？

大家对分级基金的认识，最多的是对 B 类份额即杠杆份额的印象。杠杆份额的杠杆率又是在动态变动中，那么杠杆倍数应该如何计算呢？

准确计算杠杆率有一个公式：杠杆率＝约定杠杆×NAV_c/NAV_b。其中，NAV_c 为母基金净值，NAV_b 为 B 类子基金净值。由于母基金实际上不能满仓操作，因此，计算子基金的杠杆率时还要考虑到母基金 beta。以 2012 年 1 月 31 日为例，我们测算信诚 500 的 beta 为 0.914，母基金净值 0.707，子基金净值 0.472，约定初始杠杆为：1/0.6＝1.667（因为 A、B 份额的拆分比例为 4∶6），那么根据上述公式可以计算出信诚 500B 的实际杠杆率 ＝0.914×1.667×0.707/0.472＝2.281（倍）。

不过，我们还要考虑股价杠杆率。对于 B 类子基金投资者来说，存在一个现实问题，那就是 B 类子基金只能通过二级市场购买而不能通过一级市场申购；这就意味着，投资者投资 B 类子基金的成本是二级市场价格，而不是基金净值。因此，计算 B 类子基金的实际杠杆时，还必须考虑到二级市场的溢价。

还是以 2012 年 1 月 31 日为例,信诚 500B 按照净值计算它的杠杆率是 2.281 倍,但是,由于它当天溢价 25.21%,因此,按照股价计算的杠杆率只有 1.821 倍。换句话说,二级市场买入信诚 B 的投资者实际上只能享受 1.821 倍的杠杆,而不是 2.281 倍杠杆。

值得注意的是,杠杆基金的杠杆率与基金净值高低成反比。也就是说,母基金净值越高,杠杆率越低;母基金净值越低,杠杆率越高。这就可以解释,为什么随着市场的大幅下跌,杠杆基金的杠杆倍数也在加大的原因了。(作者为安苏投资总经理童国林,本文为信诚基金管理公司特约邀稿)

分级基金最大优势:套利

我们分别介绍了分级基金 A、B 份额的一些常识。今天我们来谈谈分级基金的升级版投资——套利。

虽然市场上大家对杠杆基金比较追捧,而且操作也非常简单:看好市场买杠杆基金,获取杠杆放大收益。但是,我认为分级基金的最大优势还是套利。折价、溢价皆可套利——溢价时,可以通过申购母基金同时抛售子基金获利;折价时,可以通过买入子基金同时赎回母基金来获利,这是单纯股指期货套利无法比拟的。

在实际操作过程中,我们发现分级基金的套利空间很大。以信诚 500 分级基金在 2012 年 1 月份的表现为例,该基金就出现了连续的溢价现象:最高在 1 月 13 日出现了 4.51% 的溢价率。

我们再以上市时间较长的银华 100 为例。经测算,考虑到交易成本 0.1%,再加上 0.1% 的冲击成本,套利交易 3 天为一个周期,我们经过计算,在 2010 年 12 月 1 日～2011 年 12 月 1 日的 12 个月中,银华 100 的套利收益为 12.88%。银华 100 在 2010 年就已经上市,且规模超过 60 亿,仍然有如此高的收益率,这是 ETF、单纯股指期货套利所望尘莫及的。

此外,如果运用股指期货等空头工具,我们还可以实现无风险的套利。单纯的 LOF 分级基金套利,一个重要前提就是必须持有筹码(即底仓),不论是母基金,还是子基金。这样,系统性风险就不可避免。但是,随着做空工具的出现,以及与之相匹配的分级基金上市,完全可以通过 LOF 分级基金同时卖空相对应的指数,来实现系统性风险的完全对冲,从而将 LOF 分级基金的套利收益分离出来。

最有效的对冲工具当然还是卖空股指期货,成本低,流动性好;与之相对应的指数分级基金就是信诚沪深 300 指数分级基金。(作者为安苏投资总经理童国林,本文为信诚基金管理公司特约邀稿)

沪深 300 分级基金:更"亲民"的套利工具

产品酝酿开发长达 5 年、市场期待已久的两只沪深 300ETF 终于即将募集成立。其意义不用赘述。2012 年是沪深 300 指数基金创新的一年,在沪深 300ETF 出来之前,沪深 300 分级基金已经抢先亮相。

相对于规模超千亿的传统沪深 300 指数基金来说,沪深 300ETF 和沪深 300 分级这两大创新产品将代表着沪深 300 指数基金的未来发展方向。两者都具有投资指数、期现套利、净值与成交价之间的价差套利等功能,给投资者提供一个更加便利的投资工具。

不过,笔者认为,沪深 300ETF 是一个有效的配置工具,而沪深 300 分级基金则给投资者提供了一个低门槛的交易工具。对于机构投资者来说,沪深 300ETF 跟踪误差小,交易成本低,是很好的资产配置工具,而分级基金则具有沪深 300ETF 不具有的优势——提供杠杆和低门槛的套利两大工具。

以市场上首只上市交易的沪深 300 分级基金信诚沪深 300 分级基金为例,其杠杆份额信诚 300B 初始杠杆率为 2 倍,给普通投资者提供了一个更为便捷和低门槛杠杆投资工具。于 2012 年 2 月份成立的信诚沪深 300 指数分级基金作为我国首只上市交易的沪深 300 指数分级基金曾引发市场的高度关注,其杠杆份额信诚 300B 更是在上市前两天连续涨停,显示出极高的市场人气。

事实上,就套利而言,沪深 300ETF 的套利门槛较高,据现有的两只沪深 300ETF 招募说明书测算,开一次套利也至少要 300 万元,如果用多个 ETF 叠加作为现货,开一次套利约需 2 200 万元的资金,因此更适合机构投资者;而沪深 300 分级基金套利门槛较低,最低只需要几千元即可,还可以满足小额投资者的套利需要。从这一点上来说,沪深 300 分级基金更加"亲民"。

沪深 300 指数覆盖了 A 股市场总市值近七成、流通市值的六成、营业收入的七成、净利润的八成,而且它是我国目前股指期货的唯一标的指数,因此沪深 300 指数是 A 股市场当之无愧的标杆指数。而随着两只沪深 300ETF 基金的成立,借助于两只基金的建仓,将翘动沪深 300 指数的长期投资价值,而具有杠杆放大效应的 300 分级基金杠杆份额自然将"水涨船高"。

"跌"出来的机会:围猎分级指基折算盛宴

　　近期市场大跌,部分分级基金的稳健份额却逆市上涨。2012年8月份以来至8月20日,信诚500A累计上涨2.45%,同期上证综指下跌0.14%。

　　事实上,作为一类创新型交易基金,分级基金除了高风险份额备受追捧外,其稳健类份额也有自身的投资价值。专业人士认为,目前部分低风险份额的折价大幅扩大,已经具备一定的投资价值。而另一方面,如果市场继续下跌并触发向下到点折算,部分分级基金的稳健份额将获利较大。

　　分级基金向下到点折算条款的吸引力在于,为了使得净值归一,每4份杠杆份额合并成1份,为了保持配对比例不变,每4份稳健份额也要合并。由于稳健份额的净值始终大于1元,所以合并后多出3元多的本金以及利息部分,将以母基金的形式折算给投资者,可以从二级市场赎回。

　　根据笔者测算,若要达到折算条件,即信诚500B下跌到0.25元,相当于母基金下跌到0.562元,也就是母基金再跌17.78%,即中证500跌到2 790点。

以信诚 500 分级基金为例，假设投资者现在以 0.87 元的价格购入 100 份信诚中证 500A，则到点折算时可以获得 25 份信诚 A 和 77.9 份信诚 500，如果信诚 A 的折价率保持不变，则可以在二级市场上按 0.84 的价格卖出，基础份额则可以赎回，在不考虑赎回费的情形下收益率可高达 13.67%，即使考虑赎回费和交易费用，套利空间也在 13% 以上。

与其他基金不同的是信诚 500A 追踪的是中证 500 指数，中证 500 指数又称中证小盘 500 指数，与深 100 或者中证等权 90 指数相比，中证 500 指数实际上有走出独立行情的可能性：即便 A 股大盘指数未必能够跌到足够低，但是因为中证 500 指数的特殊性，信诚 500B 折算的可能性依旧是存在的。

值得注意的是，除了折算之外，对于信诚 500A 的投资者而言，另一重收益机会在于每年的利息收益。信诚 500A 每年的收益是"同期银行人民币一年期定期存款利率（税后）＋3.2%"，2012 年是 6.7%，以目前的市场价买入的年化收益率为 7.76%。而从安全性角度来说，因为有折算条款，信诚 500A 这样的产品只要 A 股市场不发生崩盘就几乎不存在违约的风险。

低风险基金投资佳品:分级基金 A 类份额

近期,分级指数基金 A 类份额再次被市场热切关注。因为随着市场的下跌,有几个分级指基逐渐逼近向下折算触发点,截至 2012 年 8 月 27 日收盘,最近的一只分级指基距离折算点只相差 2% 的距离,引发套利资金追逐。

根据市场普遍的分级指基向下折算条款,当 B 类份额单位净值达到 0.25 元时,将触发份额折算,届时,三种份额净值归一,每 4 份 B 类杠杆份额合并成 1 份,为了保持配对比例不变,每 4 份稳健 A 类份额也要合并。由于 A 类份额的净值始终大于 1 元,所以合并后多出 3 元多的本金以及利息部分,将以母基金的形式折算给投资者,可以从二级市场赎回。这就带来 A 类份额的套利机会。

以信诚 500 分级为例,若投资者以 0.87 元的价格购入 100 份信诚 500A(150028),到点折算时其份额净值是 1.038 元,则到点折算时可以获得 25 份信诚 A 和 77.9 份信诚 500,如果信诚 500A 的折价率保持不变,在不考虑赎回费的情形下收益率可高达 13.67%。因此,对于看空后市的投资者而言,分级指数基金 A 类份额的折算套利收益非常可观。

事实上，A 类份额收益较高、收益确定，与其他低风险的理财产品（包括 1 年期定期存款、保本保收益的银行理财产品、类固定收益类信托、纯债基金、货币型基金）相比，也有不可比拟的优势。

第一，约定收益率全部高于 1 年期定存。如信诚 500A 的约定收益率为"1 年期定期存款利率＋3.2%"，每年定期结算收益。

第二，风险收益比高的保守类投资。分级基金 A 份额风险收益比是比较高的。它的收益确定，市场上和它设计接近的产品除了定期存款，主要是保本保收益的银行理财产品、类固定收益类信托、纯债基金、货币型基金等。看它和各同类产品的优势所在。

A 份额收益率和流动性，都优于 1 年期定期存款；银行理财产品，平均收益率和 1 年期定存相仿，而进入 8 月以来，银行纷纷下调理财产品收益，部分银行的短期产品收益率甚至跌至 3%，与同期存款利率相差无几；固定收益类信托，高收益高风险，该类产品收益率高达 8%～10%，但该类产品近期爆出不少提前偿付、偿付困难的案例，安全性较差；另外，相对债券型基金而言，得益于债券牛市行情，中长期纯债债基 2012 年以来收益为 5.24%，但收益并不固定，后市走势主要看债市行情。

分级基金下拆的"危"与"机"

上周市场(编者注:2012年8月13日)大跌,触发首例分级基金向下折算案例。投资者在关注分级基金的折溢价率和杠杆比例的同时,短期更多的目光投向之前所忽视的下端阈值和不定期折算。实际上,向下折算并不可怕,只要投资者搞明白其中的"奥秘",就能更好地控制风险,捕捉收益。

分级基金不定期折算(向下折算)条款,是一个创新之举。事实上,对于母基金而言,下拆可以保障分级基金运作的连续性;对A类份额(稳健类份额)持有人而言,保护了其作为融资方本金的安全,保证了低风险投资者的回本机制;而对B类份额(杠杆类份额)持有人而言,看似不公平,却是对其资金在市场继续下跌的情况的保护,杠杆工具都需要具备严格的止损机制。

具体来看,向下折算主要给A类份额带来了可能的套利机会。不过,笔者提醒投资者要冷静对待A类份额的套利。需要关注三个条件:

首先,要了解基金合同,并不是所有分级基金都具备到点折算机制。据初步统计,目前市场有约20余只分级基金在基金合同中约定了到点折算的方法,投资者在买入前一定要详细阅读基金合同。

第二,要关注折算距离,即 B 类份额净值距离触发折算的阈值点的距离。距离折算点越近的基金越值得重点关注。

第三,要关注 A 类份额的折价率。如果折价率已经很低,就算折算距离很近,也没有多大的套利价值。这是因为折价收窄自然降低了套利空间。我们知道,在折算过后,A 类份额折价率要再度回归至原来的水平,如果在折价率很低的情况下介入,折算后的折价可能吞噬部分套利收益,甚至使投资者发生亏损。

一般来说,A 类与 B 类份额的折溢价率会动态随市场不同阶段而变化。当市场处于底部区域或者开始底部反弹初期,将驱动 B 份额的需求和溢价上升,相应 A 份额折价会扩大。当市场持续悲观或者临近定期折算阶段,A 份额的需求会增加,折价缩窄,B 份额的需求则下滑。

针对上述特点,笔者建议,稳健投资者可以在 A 份额大幅折价阶段入场,获得较高的动态折算约定收益,待折价缩窄后择机离场。而高风险投资者则可以根据对市场的判断,参与 B 类份额的波段式操作,提高市场反弹阶段的资金使用效率。

三招教你精挑杠杆指基博反弹

在多个利好消息刺激下,多日低迷的市场终于在上周五(编者注:2012 年 9 月 7 日)出现强劲反弹。而作为反弹先锋的杠杆基金再次领涨,信诚 500B(150029)当日更是强势涨停。而同时反映大盘指数特征的信诚 300B 也飙升 9.55%,对应的沪深 300 指数仅上涨 4.48%。让大家对杠杆基金的"博反弹"机会再次叹为观止。

那么对于投资者来说,面对市场数十只杠杆指数基金,我们又将如何挑选呢?

其实,杠杆指基在弱市中逆市上涨现象在市场上已经屡见不鲜,如在 2011 年 9 月底也出现过。按照产品的特色,杠杆指基一般都会放大指数的涨跌,很少有涨跌幅与跟踪指数完全背离的情况。在市场底部,杠杆指基的放量上涨预示市场反弹情绪的升温。

而对于投资标的的选择,笔者建议在杠杆指基标的的选择上,主要参考三个指标:

第一,是标的指数,B 类份额的走势与其基础份额跟踪的标的指数走势密切相关,作为博反弹利器,标的指数的弹性是首要参考指标,弹性越大,反弹空间越大。此外,标的指数的风格是否与当前市场热点相契合也是另一重要指标。

目前,市场上有对应沪深 300 等蓝筹指数的分级基金,也有对应中证 500、中小板等中小盘指数的分级基金,还有对应消费、资源、大宗商品等行业指数的分级基金。在政策红利支撑下,低估值蓝筹有望主导反弹行情,以蓝筹指数为标的的杠杆指基安全边际较大,可作为核心配置,我们推荐以沪深 300 指数为标的的杠杆指基,如最早上市的信诚 300B(150052)。而以中小盘、成长风格指数为标的的杠杆指基弹性较大,可作为卫星配置,如市场上交易最活跃的跟踪中证 500 指数的信诚 500B(150029)。

第二,是净值杠杆,除了标的指数外,B 类份额的净值变化还取决于其杠杆水平。数据显示,截至 2011 年 9 月 6 日,信诚 500B 净值杠杆已达 2.7 倍。

第三,是溢价率,过高的溢价率可能提前透支了部分反弹收益。

四招玩转分级基金进取份额

　　每当股市出现大幅上涨时,分级基金 B 类进取份额均表现活跃。作为普通投资者,该如何投资分级基金进取份额呢? 笔者认为,投资股票型分级基金,尤其是进取份额时,要重点考虑以下四个方面:

　　第一,是要考虑基础份额的投资标的,是以大盘股为主还是以小盘股为主,是主动管理型还是被动指数型。比如在近期上涨中,小盘股表现较好,中证 500 指数的涨幅明显大于中证 100 指数,因此信诚中证 500B 的涨幅也远大于国联安双禧 B 中证 100。此外,波段操作的投资者可选择指数型的分级基金,因为指数型所包含的行业分布和个股比较明确,更有利于做出判断和操作。

　　第二,杠杆大小。我们看中 B 类分级基金的主要原因就是其所具备的独特的杠杆率,但杠杆率在给我们带来潜在的高收益的同时也让我们承担了较大的风险,所以也不能一味只求高杠杆率而不顾风险,必须尽量做到两者兼顾。

　　从目前主流的分级股基来看,一般优先份额与进取份额的比例是 1 : 1 或者 4 : 6,也就是初始杠杆是 2 倍或者 1.67 倍。随着两者之间净值比例的变化,杠杆也会变化:如果净值上升则杠杆率逐渐变小,反之则逐渐变大。由于前期市场处于下跌阶段,所以 B 类分级基金的杠杆率大部分都已经提升,净值下跌幅度越大杠杆率提升的比例也就越高,如信诚 500B(150023)在 2.5 倍左右,这样的杠杆率还是可以接受的。

第三,以短期参与为主,选择交投活跃的标的。参与 B 类进取份额只能单向做多,所以在市场下跌的时候绝不能参与,此外,我们对于市场的长期走势难以把握,所以推荐短期参与 B 类分级基金。既然是短线参与,那么对于市场交投的活跃度就有一定的要求,否则进出都会有困难。

第四,买卖要打提前量。B 类分级基金的主要特点就是杠杆率,考虑到杠杆特性,我们一定要在把握市场波动节奏的基础上尽量做到提前行动。当然,做到这一点需要良好把握短线市场波动的能力,这也是我们所需要付出的代价。不过,在研判市场的短线波动中,我们并不需要关注市场能达到的具体点位,只要市场能够上涨,我们通过 B 类分级基金就一定能够获利,而投资者自己选股未必能够保证获利。

你看得懂的分级基金 A 计划诱惑

A 类保守,B 类激进,一直以来都是分级基金的特点。

如今,对于场内交易的 A 类份额来说,这种特点有了些许的改变。8 月份以来,在 A 股市场持续低迷的情况下,分级基金的 A 类份额却默默地交出了一份令投资者震惊的答卷。

虽然央行的两次降息让 A 类份额的预约收益下降,但是其真正取得的收益却没有受到丝毫影响。A 类份额似乎开始朝着与原先的设定不同的方向发展着。长期以来,A 类份额在分级基金中一直被设计成类似固定收益产品的模式,其作用更多体现为向 B 类份额提供杠杆支持。而如今,逆势走高的收益率让越来越多的投资者关注到了其更大的作用——充当 A 股"空头"的角色。

统计数据显示,自 2012 年 8 月 1 日至 11 月 14 日收盘,信诚 500A 场内交易价格累计上涨达 15.51%,信诚 300A 同期涨幅为 14.34%,而同期沪深 300 指数下跌了 3.47%,几乎大部分分级基金的 A 类份额涨幅都领先于沪深 300 指数。

从某种意义上来说,此时的 A 类份额在场内交易所扮演的角色更多地倾向于"空头",许多机构都被吸引入场。尤其是在首例指数分级基金开分级基金"到点折算"先河后,分级基金的 A 类份额的做空价值开始逐渐显现,投资者似乎看到了充分的套利空间。

实际上,分级基金 A 类份额绝对算得上一类不错的产品。这些低风险 A 类份额的约定收益率往往高于 CPI 的增速,而产品的收益也比较少地受股市波动的影响,可以作为投资者固定收益产品配置中的可靠选择。分级基金 A 类份额之所以是不错的投资之选,其产品设计是决定性因素。差异化分配方式是分级基金"创新"的核心体现。如果仔细研究分级基金的产品设计,就会发现其稳健份额在收益保障方面是相当靠谱。

较常见的一类是紧盯存款利率。以信诚 500A 为例,该类份额约定年基准收益率为"一年期同期银行定期存款利率+3.2%"。以目前 3% 的一年期定期存款利率计算,该基金年收益率应为"6.2%",基本跑赢了 CPI。

站在目前的时点来看,经济环境和国家方针都对债券市场有利,而 A 类份额场内交易价格是否能继续上涨,取决于 A 股市场能否进一步下跌,以及对应指数跌幅会否触发分级基金高风险份额"到点折算"条款。

当然,分级基金也不是毫无风险,其风险在于其收益分配条款和到期期限。如不能单独进行赎回,需要在二级市场抛出才可还本,还本不确定性很大,市场价格也因此波动较大。

投资杠杆基金宜循"鳄鱼法则"

据说世界上最伟大的交易员有一个被称为"鳄鱼法则"的原则。

"鳄鱼法则"的原意是假定一只鳄鱼咬住你的脚,如果你用手去试图挣脱你的脚,鳄鱼便会同时咬住你的脚与手。你越挣扎,就被咬住得越多。所以,万一鳄鱼咬住你的脚,你唯一的办法就是牺牲一只脚。

譬如在股市中,"鳄鱼法则"通俗地来说就是我们大家常说的"止损":当你发现自己的交易背离了市场的方向,必须立即止损,不得有任何延误,不得存有任何侥幸,更不要试图通过补仓、加仓来摊低成本。

这一交易法则在投资杠杆基金的时候显得尤为重要。

我们知道分级基金最大的魅力之一就是在于带有杠杆的劣后级,即大家通常说的杠杆基金,这是大家抄底抢反弹的最佳利器。杠杆基金素有"股市放大器"之称,在单边市里表现尤为明显,如股指连续上涨,杠杆基金表现突出。我们以 2012 年 12 月 5 日的反弹为例:沪指上涨 2.87%,收复 2 000 点;杠杆基金在反弹中表现亮眼,领涨场内基金反弹。具体来看,信诚 500B 为首的杠杆指基涨停。

由于杠杆的存在,在大收益的同时也放大了风险。这意味着投资者如果看错方向,将承担同样倍数的风险。以 2011 年 1 月成立的一只指数分级基金的杠杆份额为例,其分拆上市的第一个交易日收盘价是 1.10 元,而 2012 年 12 月 5 日涨停后的净值仅为 0.32 元,亏损率约 71%,而同期它的母基金的累计净值由 1.008 元跌至 0.625 元,亏损率约 38%。

因此,使用杠杆基金"抄底"时,一定要注意设定好止损,避免看错方向,扩大损失。有短线交易经验的投资者更适合使用杠杆基金,经验较少的投资者如打算尝试,要严格控制投入的资金占家庭资产的比例,并且不要反复补仓。

此外,投资者在购买杠杆基金时,主要要看投资者对于未来市场的判断,包括对上涨的连续性、市场热点、杠杆比例的判断。

8 QDII 基金，别样的风采

金砖四国，"成长故事"各有各精彩

国际货币型基金组织（IMF）和世界银行 8～10 日在华盛顿举行 2010 年秋季年会，IMF 改革是外界关注的重要议题之一，特别是"金砖四国"（BRICs）要求提高话语权的共同诉求，再次引发全球对 BRICs 的关注。

BRICs！吉姆·奥尼尔等高盛的经济学家们 2001 年发明这个词的时候估计不会想到它会这么红！这个由巴西（Brazil）、俄罗斯（Russia）、印度（India）、中国（China）四个国家的首字母组合起来的新词，发音与砖块（bricks）相似，被形象地称为"金砖四国"。

高盛曾发表编号为 99 的《与 BRICs 一起梦想：通往 2050 年的道路》报告，在其中，高盛经济学家们预言：全球经济格局将发生根本性的变化，到 2050 年，金砖四国的 GDP 总值将超越六大工业国（G6），新六大经济体的面孔将变成中国、美国、印度、日本、巴西、俄罗斯。

且不论对于 2050 年的预测是否太过超前，就单看现在这四个国家的经济状况，就不得不佩服投资银行的高瞻远瞩——如今，金砖四国的发展，正让投资银行的预测变为现实。

作为新兴市场龙头的中国,以其在制造业、出口加工等方面的竞争优势而被誉为"世界工厂"。而与我们熟悉的中国一样,俄罗斯、巴西和印度也正在利用本国优势实现高速发展,其经济发展模式也与中国各有千秋,形成互补。

俄罗斯——"世界加油站"。俄罗斯最大的亮点在于其自然资源居世界首位,是世界上唯一一个自然资源几乎能够完全自给的国家,其已经探明的资源储量约占世界资源总量的21%。其中,石油探明储量为65亿吨,占世界探明储量的13%。

巴西——"世界原料基地"。作为世界粮仓的巴西,还是全球第一大产糖国和食糖出口国,全球最大的咖啡生产国;巴西的铁矿储量、出口量居世界第一。国际知名的巴西上市公司——淡水河谷CVRD,是世界第一大铁矿石生产和出口商,也是美洲大陆最大的采矿业公司,被誉为巴西"皇冠上的宝石"和"亚马逊地区的引擎"。

印度——"世界办公室"。印度拥有"金砖四国"中最年轻的人口结构,其劳动力在未来10年有望居全球之冠。同时,印度每年科学和工程学科的大学毕业人数达70万人以上,高于中国、欧洲、美国和日本,在信息技术方面优势明显,这显示出印度人口结构年轻、高素质劳力充沛的双重优势,成为印度经济维持高增长的强劲动能。

在这场全球经济故事新主角的大戏中,你怎么能缺席呢?

"混搭"QDII 基金笑做理财达人

深受时尚达人青睐的"混搭"风格，在投资领域同样适用。一个好的基金投资组合需要不同类型以及风格的基金按照一定比例合理搭配，并密切跟踪，根据市场形势变化及时调整。

在"混搭"的基金组合中，作为对冲单一 A 股市场集中投资风险的 QDII 基金自然也是必选品种之一。特别是那些投向具有资源优势或成长潜力国家的 QDII，如巴西、俄罗斯、印度、澳大利亚以及加拿大等地。投资这些地区，是对现有国内经济模式的风险对冲。

然而，现在有不少投资者对 QDII 抱有偏见，可以说谈"Q"色变，因为国内第一批 QDII 折戟海外的印象深刻地印在脑海里。

那么，首批 QDII 为何折戟？简言之，买在了高位——首批四只 QDII 相继于 2007 年 9 月、10 月出海。同期，美国标普 500 指数达到过去 10 年历史最高点，此后经历了近一年半的持续下跌，跌幅近 60%。

所以剔除发行时机不利的因素，我们应该公允看待 QDII。事实上，QDII 已经开始为自己正名。据彭博统计，标准普尔 500 最低点出现在 2009 年 3 月 6 日——之后成立的 QDII 基金共有 11 只，2011 年全部实现绝对正回报。而对应的是，上证综指最低点出现在 2008 年 10 月 28 日——之后成立的 A 股基金共有 145 只，2011 年超过半数亏损。

特别是在 9 月份，QDII 基金成功突围成为业绩最好的基金品种。Wind 数据显示，截至 2011 年 9 月 30 日，19 家 QDII 基金净值当月平均涨幅为 6.59%，而同期沪深 300 指数下跌了 0.98%，QDII 基金平均涨幅超越大盘近 8%。横向比较，596 家开放式基金净值平均增长 1.1%，15 家 ETF 基金净值平均增长－1.6%，67 家货币型基金净值平均增长 0.15%。QDII 基金以绝对优势成为本月表现最好的基金品种。

值得注意的是，QDII 基金表现与 A 股表现还显示出明显的轮动，投资价值凸显。数据显示，在 A 股表现不佳的 2008 年和 2010 年，所有 QDII 基金均跑赢沪深 300 指数。

在这个凉爽的秋天，和时尚达人的"混搭风"一样——穿了裙子后（买了 A 股的股票和基金），下身还可以搭配裤子（还可以适当投资 QDII 基金），在保证时尚美观的同时，也不让自己冻着。

投资 QDII 基金，时机最关键

有媒体曾经做过一个"中国人的海外投资情结"的调查，对国人海外投资最在意的是什么等进行摸底。虽然调查结果已经记不清，但是对这个话题却记忆犹新。其实，与在国内买卖股票一样，QDII 基金出海投资也讲究时机。

现在有不少投资者对 QDII 抱有偏见，可以说谈"Q"色变，最大的原因就是国内第一批 QDII 折戟海外的印象深刻地印在脑海里，在他们眼里，QDII 成为亏损的代名词。

那么，首批 QDII 为何折戟？简言之，投资时机不对，买在了高位——首批四只 QDII 相继于 2007 年 9 月、10 月出海。同期，美国标准普尔 500 指数达到过去 10 年历史最高点，此后经历了近一年半的持续下跌，跌幅近 60%。

出海即遭遇全球金融危机，投资遥远的欧美市场，缺乏海外市场投研经验——可谓"天不时、地不利、人不和"，首战出师不利可想而知。

在 2009 年，在各种政策的刺激下全球经济回暖，QDII 基金也取得了净值年均涨幅 57.48% 的骄人战绩。而到 2010 年，海外市场的表现远远好于 A 股,据彭博统计,标准普尔 500 指数最低点出现在 2009 年 3 月 6 日——之后成立的 QDII 基金共有 11 只,今年以来全部实现绝对正回报。而对应的是,上证综指最低点出现在 2008 年 10 月 28 日——之后成立的 A 股基金共有 145 只,今年以来 90 只实现绝对正收益,45 只亏损。

由此可见,选择合适的介入时机,QDII 是可以赚钱的。那么,现在是不是好的时机?

我们以金砖四国为例,来看看海外市场今年的表现。据彭博统计,截至 2010 年 10 月 15 日,巴西圣保罗指数 2010 年以来上涨 37.75%,印度孟买 SENSEX 30 指数上涨 16.04%,俄罗斯 MICEX 指数上涨 9.47%,而同期沪深 300 指数下跌 7.5%。

如果说 2008 年年底至 2009 年年初是 QDII 第一次买入时机,那么 2010 年可能是第二次买入时机。

首先,许多经济学家都认为,金融危机最黑暗时期基本上已度过,各国政府积极刺激经济,全球经济逐渐复苏,特别是以金砖四国为代表的新兴市场经济率先复苏,各国股市开始回暖。2010 年 7 月份希腊、西班牙股市已经开始超跌反弹,欧元债务危机进入尾声。

其次,金融危机后海外股票市场深度调整,给投资者提供了低位介入的机会。在经过上半年的调整后,海外股票估值已经进入合理区间。未来 3~5 年,以金砖四国为代表的新兴经济体在基础设施、环境保护、资源开发、人才和智力等方面将出现很好的投资机会。

投资 QDII,目标市场选择很关键

"这是个最好的时代,也是个最坏的时代。"——借用狄更斯《双城记》开头的名言来形容眼下的 QDII 市场,可以说是恰如其分。

基金行业通常有这样的规律:产品发行比较困难的时候,这个产品在投资上会比较好运作。这个在 QDII 产品上好象也得到了验证,回顾一下 2009 年表现最好的几只 QDII 基金,都是在 2008 年的市场最糟糕的时候发行的。而 2010 年又到 QDII 发行困难的时候,是不是又到了投资的好时机呢?

QDII 基金发行遇困很大部分原因受阻于首批出海 QDII 的业绩表现。事实上,除了遭遇金融危机这个原因外,目标市场也是个重要因素。来自国金证券的一份研究报告指出:已经运作的 QDII 基金在投资区域的分布上多以中国香港、美国市场为主。而根据 2010 年所披露的 QDII 基金一季报,10 只基金中有 9 只主要投资于中国香港。

QDII 基金要发挥分散配置风险的作用,就需要在区域配置和目标市场上适当分散。可喜的是,目前 QDII 基金已在投资区域和投资主题上开始多元化的步伐，分别关注新兴市场和成熟市场的产品均陆续面世，同时区域市场的投资机会也引起 QDII 关注。例如，即将发行的信诚金砖四国积极配置基金，是内地第一只主动配置型的金砖四国基金，因其主要投资金砖四国市场而备受关注。

为什么要选择金砖四国？我们来看一组数据的对比。

过去的 10 年，全世界 50％的经济增长来自新兴市场，其中，有 30％的经济增长来自核心的巴西、俄罗斯、中国和印度（即"金砖四国"），而高盛预计，这一数字到 2020 年将会变成 50％！

可是与经济发展相对应的是，金砖四国股市还有巨大的发展空间。现阶段，金砖四国仅占摩根士丹利全球指数的 6.6％，而美国一个国家就占该指数的 42％。这一反差似乎说明全球股票市场尚未充分反映这四国的发展潜力。

此外，金砖四国经济发展各有所长。中国的未来的增长主要靠内需拉动，而印度的优势是高科技服务业，俄罗斯的优势在于其拥有庞大的能源储备，有"世界经济的加油站"之称，而"世界经济的原料基地"巴西具有丰富的矿产资源。金砖四国的经济和市场结构的这种互补性，可以比较好地分散风险。

好的时机＋正确的目标市场，投资无疑成功了一大半。

告别"独脚"走路

　　巴西因为它的足球而闻名于全球。而被足球光芒覆盖的是，巴西近年来发展迅猛的经济，也越来越吸引全球投资者的目光。你知道吗？2009 年，中国已取代美国成为巴西最大的贸易伙伴。

　　是的，巴西的经济增长引擎正在发生着日新月异的变化。但它不是唯一充满活力、正在成长的新兴经济体。巴西只是四个新兴经济体领军者（俗称"金砖四国"，包括巴西、俄罗斯、印度和中国）的其中之一。这四个经济体发展迅猛，超出了人们的想像。

　　它们有一个共同特征，那就是增长动力相似：国内消费能力不断加强（因为人们越来越富裕），人口大规模迁移至城市，并且由于公司投资获取利润以及各国政府竞相建设基础设施，投资级别较高。根据预测，未来五年，"金砖四国"的经济增长将会比全球七个主要经济体（G7）高出 4～5 倍。

　　吸引投资者的不只是在于，金砖四国目前是如何发展其经济的势头的。更妙的是，即便是全球经济增长放缓，但"金砖四国"政府仍然有足够的实力保持持续增长。

　　不过，对于投资者来说，他们真正关注的焦点在于此番快速增长是否会转化为企业的高额利润。

奇迹正在发生。自2003年以来,"金砖四国"的利润增长,尤其是巴西,已超过了全球利润的增长。

中国也拥有这些增长潜力,既然中国投资者面临这一大好时机,那么为什么他们应该甚至期待将眼光瞄准其他几个金砖国家呢?

答案很简单——机会。

长期以来,中国的投资者一直都"被习惯性"了中国在全球经济增长中排名领先。但是,也许你并不知道,到2012年,印度的经济增长预计会超过中国。

中国投资者可以投资"金砖四国"其他三个国家中更多的一流公司,而这是他们在中国市场无法得到的。

例如,全球优秀的制药公司在哪里?你将不得不去印度找;世界领先的IT企业在哪里?同样,不在中国,还是在印度;你想接触全球的石油界吗?你得去俄罗斯;你想投资全球最大的矿产企业么?去巴西吧。即使是在工业、消费服务和货物部门,中国投资者在投资方面也会有更为广泛的选择。

被认为是"大萧条"以来最严重的全球经济危机爆发至今,全球经济正在经历一场结构性变革的"大洗牌"——经济增长潜力将不断从发达国家转移至新兴经济体。凭借独领风骚的经济增速与资本市场表现,"金砖四国"已在全球舞台上日益崛起,成为新兴市场中势不可挡的领军者。

而在这场变革中,作为投资者的你,是选择"独脚"走路,还是选择"四个轮子"起飞呢?

投资金砖四国，主动 OR 被动？

QDII，再现集中发行局面。截至 2010 年 11 月 8 日，2010 年以来 QDII 发行量已达 17 只，几乎 2 倍于过去 4 年总和。与以往不同的是，今年发行的 QDII 开始出现被动跟踪海外市场指数的指数基金。

虽然从全球经济的表现来看，一些投资者认为，目前海外市场或许是抄底的好时机。不过，也有投资者对海外市场信心不足，表示谨慎看待。

抄底也罢，冷遇也罢，如果你看好海外市场或者崇尚全球资产配置，想买点 QDII，那么是选择主动配置型产品还是被动跟踪市场的指数型产品呢？

应该说，指数型基金投资存在着一定的优势：由于采用尽量复制模拟指数的表现进行选股，管理者盯牢指数即可，无需进行主动选股，因此，可以收取较少的管理费用；同时可以持有很高仓位的股票，牛市中可以尽享股市上涨之收益。

事实上，要知道，指数型消极投资在市场可行需要满足几个市场条件，才能发挥出相当的威力。

首先,是有效市场假说(EMH)在该市场中是否成立,一个无效或者弱市有效的市场中,信息对资源的配置仍起主导作用,则此时主动的搜寻整理信息并选择股票,无疑能战胜消极型被动式的指数投资。

其次,市场具有长期牛市的投资环境。熊市牛市交替或者持续的熊市都会产生部分板块或股票上涨,但指数不涨甚至下降的结果,此时,无疑指数型投资出现的结果是不尽人意的。

最明显的例子就是 2010 年的 A 股市场。在今年风格转换迅速的震荡市场,以指数基金为代表的"傻瓜式"投资正在逐步弱化,相反主动型基金由于对选时和选股的灵活把握,成功跑赢市场的比比皆是。

扩展到金砖四国市场,由于金砖四国中各个国家优势不一样,经济特点不一样,这就像一个震荡的市场中涨跌不一的不同板块。主动配置型的基金,可以根据不同阶段四个国家或地区的差异,对四个市场进行不同侧重的主动配置,无疑将比被动跟踪指数的产品要有优势。如一段时间内四国中某两个市场上涨 50%,而另外两个市场下跌 50%,那么对于被动型投资的指数基金来说,收益可能保持不变;但是如果对于一个主动配置基金来说,如果配置在上涨的市场上,则无疑将获得远超市场的收益。

综上所述,在目前的市场环境中,历史的经验数据和理论分析都表明一点,那就是:在非理性市场中的理性选择,便是购买主动管理型基金。让专业管理团队运用其所长来为投资者赚取超过大盘收益的利润吧!

新 QDII 时代巧妙应对人民币升值

"现在人民币升值那么厉害，对 QDII 基金净值怎么着都会有些影响啊?"基民老余曾是 QDII 基金最初的追随者，但之后因为金融危机的重创，他一度对 QDII 避而远之。看着最近几乎全线飘红的 QDII 基金，他又有些心痒痒了，只是不断升值的人民币让他仍在犹豫当中。

老余的态度代表了目前大多数基民对 QDII 又爱又怕的纠结心理。人民币升值意味着中国资产相对升值，也意味着已转化成外币的资产的损失，QDII 基金无疑就是受到冲击的一块资产。Wind 统计显示，目前已出海的 QDII 基金规模超过 700 亿元，并且主要购买的是港股和美股，假设这 700 亿元全部以美元形式托管在外行，那么 3 个多月以来已损失了 18.9 亿元。

不过，汇率问题也需辨证对待。如果 QDII 基金投资于美国市场，则美元贬值会带来汇损，侵蚀掉部分基金收益，但如果 QDII 基金投资于货币相对美元升值的市场，若该货币升值幅度超过人民币，则汇率不但不会影响基金收益，甚至还会带来额外所得。

事实上，对于那些投资于新兴市场的新 QDII 来说，因为以金砖四国为代表的新兴市场国家货币升值幅度或大于人民币,所以,人民币升值不一定能够带来汇兑损失,也有可能是获益。如自2010年6月以来,许多新兴市场货币比人民币强势,人民币相对巴西币、印度币和俄罗斯币分别为贬值3.1%、贬值3.99%、升值1.1%。

整体而言,6月汇改以来,美元是全球较弱势的货币,人民币对美元虽小幅升值,但多数货币还是比人民币强势。而由于美元呈现长期的贬值趋势,国际热钱会持续流入新兴市场,特别是金砖四国,导致这些国家货币升值,因此投资于金砖四国的QDII基金可能会享受到货币升值带来的超额收益。

而从金砖四国的经济增长来看,一方面金砖四国或地区已经成为推动全球经济复苏的主要动力,其经济增速也远高于世界其他地区;相比中国,金砖四国中其他国家经济活力正处在快速释放中,人口红利依然存在,经济基数小,发展空间大;在本次金融危机中,巴西、印度、俄罗斯等新兴经济体所受到的冲击小,经济复苏快,股市反弹也整体表现强劲,充分表明其经济体比较健康,内在活力依然强大。

从这个角度上来看,在当前背景下,选择以金砖四国为代表的新兴市场为主要标的的QDII基金会更加合适。

四招让你摆脱 QDII"选择症"

"为了分散单一市场投资风险，我也准备买 QDII 基金，但是现在市场上同时在发的有好几只，我该如何选择呢?"基民老张在经历过 2010 年 A 股和外围市场"两重天"的表现后，看着最近几乎全线飘红的 QDII 基金，他也有些心痒痒了，只是市场上多只在发的产品让他处在犹豫选择当中。

不只是老张，还有很多理性的投资者也将眼光投向了全球。QDII 作为分散投资风险的理财品种，越来越被市场认可，而投资者也由当初的疯狂追捧趋于理性。

从各只 QDII 基金的区域配置来看，偏好亦各有不同。因此，面对"老张们"的"选择症"，笔者认为，可以从以下四个方面考量。

首先，成熟市场 VS 新兴市场:QDII 产品在选择标的市场时应追求较高的成长率和风险偏好，新兴市场因为其经济的成长性而带来极大的成长空间，比成熟市场更有吸引力。但是，新兴市场的波动性也高于成熟市场。如果你是个风险偏好高的投资者，新兴市场的 QDII 无疑是很好的选择。

其次，单一市场 VS 全球（区域）市场:对于市场容量较大的成熟市场（如美国、中国香港等），可以进行单一市场投资；而对于新兴市场，则最好进行区域性投资，以分散风险，如金砖四国市场。同时在进行区域性投资时，也尽量控制所投市场的数量不宜过多，一方面让投资方面可以更专注，另一方面也可以降低运营方面的压力。

再次，主动投资 VS 被动投资：对于成熟市场，可以更多地以资产配置为目的，进行被动化投资。而对于新兴市场，主动化投资更能控制风险、获取收益。

最后，除股票外的其他资产的投资：对股票成功进行投资，需要对上市公司进行深入的调研和准确的选时能力，而对于国内的专业投资机构来说，这方面明显不是优势。因此 FOF（基金中的基金）模式在 2010 年的 QDII 基金中出现，FOF 就是让普通投资者与国际大牌基金站在一起，不怕全球配置没有经验，也不怕不适应国外的游戏规则。投资 FOF 比直接投资全球单个市场或者股票的风险，要低很多。

到这里，你是不是对要选择 QDII 基金有所决定了呢？

如何投资国际大牌基金?

俗话说,"站在巨人的肩膀上,可以看得更远"。这句话套用在基金投资上,可以理解为"投资优秀的基金,可以赚得更多"。

事实上,眼光长的投资者,已经把目光看向了国际上那些知名的大牌基金身上。可是,对于国外这些优质基金,不少投资者都有兴趣但不知如何投资。

据了解,目前正规的途径只有通过 QDII 中含有 FOF 设计的基金。这种 FOF 产品是否值得信赖呢?

QDII 基金在中国出现不足 3 年,时间尚短,又碰上百年不遇金融危机,但全球化资产配置是大趋势,适当配置海外资产,可大幅降低投资者的资产整体风险。而 FOF 就是让普通投资者与国际大牌基金站在一起,不怕全球配置没有经验,也不怕不适应国外的游戏规则。投资 FOF 比直接投资全球单个市场或者股票的风险,要低很多。

FOF 是 Fund of Funds 英文缩写。作为一种投资于其他证券投资基金的基金,FOF 并不全部直接投资股票或债券,其投资范围主要限于其他基金,通过持有其他证券基金间接持有股票、债券等证券资产。

我们知道，没有一名基金经理可同时在全球每个市场都取得最佳回报。而通过组合投资不同市场的优秀基金，一方面有望争取高于市场平均收益率的水平；另一方面有助于提高投资分散化程度，减少局部市场剧烈波动对基金净值的不利影响。

此外，对于国内的投资者来说，信息不对等、复杂的交易模式都成为国人参与海外市场投资的障碍。而通过基金经理对海外基金的精选，相当于你通过专业投资团队对海外公司的两次精选，降低你的资金风险性。

值得注意的是，对于基金投资者来说，在基金选择方面必须看到不同经济体复苏之间的不同步的现实情况，对欧洲和美国市场更加谨慎，而密切关注新兴经济体的经济基本面变动带来的投资机会，尤其加强对"金砖四国"的关注度。

对于基金投资者来说，一个风险和收益相对可控的 FOF 产品，全球经济复苏中的最具成长的地区和时机，资深的海外投资顾问团队——"三驾马车"护驾下的 QDII 基金，也许将是你海外投资的不错选择。

布局"全球商品"对抗通货膨胀

很多人都听说过美国西部淘金时代的故事，但是多数人可能不知道这样一个事实：当时去西部淘金的人中，大多数淘金人没挣到多少钱，而真正发财的，是那些卖水、铁锹、铲子、篮子、牛仔裤一类的人。

同样，在当前这场对抗通货膨胀的主动投资战役中，人们自然想到了房地产、股票等武器。可是如今房地产遭遇了史上最严厉的宏观调控，而股票呢？看看 2011 年惨淡的市场就可知。

淘金的故事给我们启发——生活物资价格上涨，加重了你的生活负担，那么，为什么不索性投资于这些价格上涨的商品呢？——答案往往藏在问题里面。在面对通货膨胀的时候，商品本身就是很好的投资品。

而翻查过去一年的数据，我们会惊奇地发现，资产收益排名前五位的分别为钯金、棉花、白银、咖啡和玉米。其中，棉花的收益率达到了 91.5%，几乎是百分百的增长。备受追捧的黄金过去一年的收益率为 29.5%，而这也仅仅是棉花收益的 1/3。

这真是个惊人的发现。棉花、咖啡、大豆…… 平时在大家眼里，这些都是生活必需品，而现在，它们却闪烁着别样的光芒。

那么我们如何投资这些"商品"呢？对于普通投资者而言，最朴素的投资商品的方式就是储存商品，就像 20 世纪 80 年代，很多家庭听说大米涨价就囤积大米，肥皂涨价就囤积肥皂。但是，这种模式必然受商品存储的制约，随着家庭财富的累积和商品种类的增加，这种原始的方式在目前是难以抵抗抗通货膨胀对资产的侵蚀。

而另外一种渠道是商品期货，但其投资门槛较高且有很强的专业性要求，不适合于个人投资者。目前国内普遍采用的方式，是通过购买商品生产者及其上下游的公司股票来实现抗通胀。于是，市场上就出现了众多的"抗通胀概念"的股票型基金。

不过值得注意的是，商品价格上涨不一定能传导到公司利润之上，原材料和人员公司的提升会增加公司成本，商品价格上涨并不完全等同于生产企业股价的上涨。

因此，综上所述，我们投资于全球大宗商品的基金才是抗通货膨胀最直接、最有效的方式之一。如日前刚获批的信诚全球商品主题基金。

一个最新的数据显示，2010 年 9 月国际商品市场上，棉花、大豆、工业金属、贵金属、能源分别上涨了 20.5％、14.3％、9.8％、9％和 7.9％。

9 基金定投的"奥妙"

- ◆ 基金定投的"奥妙"

- ◆ 基金定投的春天已经到来

- ◆ 定投基金回本后该如何选择？

- ◆ 市场低迷要放弃定投吗？

- ◆ 聪明家长巧选亲子"定投"

基金定投的"奥妙"

　　有这样一则故事：从前有户人家，由聪明的儿媳妇当家。儿媳妇善于精打细算，过日子是一把好手，进门多年来，把一家人的生活安排得井井有条。她有一个习惯，就是在每次煮饭时，都会从瓢里抓出一把米放到灶边的空缸里，并且这些放进缸里的米从来不动，家里人不明白她为什么要这么做，她说是为了以备不时之需。起先家里人都笑她，认为哪里会有什么不测。后来，他们所在的山村闹了一场严重的旱灾，庄稼颗粒无收，许多人为了谋活路，只好背井离乡去逃荒。正当这家人也为此犯愁时，想起灶边的缸里有媳妇以前攒下的米，他们就靠这满满的一缸米度过了这场饥荒。也就在这时，家人才理解了媳妇常年来这样做的真正意义。

　　这则小故事给予我们很多的启示，从某一个方面来看，基金定投与之有异曲同工之妙。

　　基金定投是一种比较好的低风险投资方式，投资者用小额的资金，以定投为投资理念进行长期投资。与其他的投资方式相比，基金定投有如下特点和优势：起点金额低，积少成多，类似"零存整取"的储蓄业务；长期投资，享受复利增值；无"踏空""套牢"之忧；基金定投省时、省心；而且基金定投能够起到强制储蓄的作用，尤其适合刚工作不久的年轻人。

由于定投的基金大部分投资于股市，因此，股市的走势直接决定了基金定投的策略以及收益。2012 年，A 股市场呈现明显的 N 字型走势，1～4 月市场震荡攀升，5 月以后市场震荡下行，直到 12 月才重拾升势。在这期间，大部分投资者忍受不住煎熬，纷纷停止定投。事实上，统计显示，2012 年全年，596 只可定投的偏股型基金中，有 584 只实现了盈利，如果投资者在 2012 年全年坚持进行基金定投，盈利概率高达 98％，而这些偏股基金的平均收益也达到了 8.99％，远高于定期存款和银行理财产品的收益。

对于退出时机的选择，笔者建议可以采取两种方式。对证券市场较为陌生的投资者可预先设定止盈点，如年化收益率 10％，一旦盈利目标达成便进行赎回，用赎回的资金再进行其他投资。而对于证券市场有一定了解的投资者，可以在判断市场达到短期高位时及时落袋为安。另外，如果投资者在未来某个时点有大额支出、置业等大额现金需求时，需要提前关注市场状况，早做准备，避免因赎回时点不好而造成收益的损失。

基金定投的春天已经到来

近期低迷的市场,让许多投资者很郁闷——市场或正面对无可避免的低谷——在欧洲,债台高筑的希腊等国岌岌可危;在美国,经济增长趋缓,华盛顿陷入瘫痪,美联储已经无计可施。事态会恶化到什么程度?

不过,目前的情况不正符合巴菲特关于"贪婪和恐惧"的买入时机的选择方法论么? 面对估值已至历史底部却仍"跌跌"不休的股市,投资者尤其是基金定投投资者,可能已经迎来良机。

美国学者席勒(Shiller)在《非理性繁荣》一书中讲到:在一般情况下,在股市处于低市盈率年份买入股票的回报率高,而处于高市盈率年份买入的回报率低,甚至是负数。因此,价值投资的精髓在于,要想获得较高的长期回报率,买入的价格一定要便宜。这个理论揭示了股票(基金)投资必须要低买高卖。

但事实上,大多数人的投资往往是反其道而行之的,在2007年A股处于5 000点之上时人们排队开户买股票、买基金,而到了现在,股指已经跌到2 300点,人们却因为恐惧而卖股票赎基金。

人们关于收益和亏损的决策是不对称的。通俗一点讲,丢掉

100 元所带来的不愉快感受要比捡到 100 元带来的愉悦感受强烈得多,投资者在股市上亏钱的挫折感也远大于赚钱的愉快感。这个理论解释了多数人难以长期投资的根源,投资者面对市场连续下跌,资金被套牢的厌恶感使得他们选择了低价位卖出股票或赎回基金,即使是基金定投也有许多人取消或暂停定投扣款。大多数人停止定投的理由是熊市来了,害怕未来遭受损失,殊不知正是熊市为基金定投者带来最大的利益。

假设某投资者是做 10 年周期的基金定投,这相当于是一个全程 120 期的投资。如果他想让这 120 期投资的利益最大化,就必须让尽可能多的期数在低市盈率期间买入,低市盈率状态延续的时间越长,对于基金定投者就越有利。如果市场涨起来了,反而会导致后期投资的成本上升,对于基金定投者就越不利。

因此,对于基金定投者而言,恰恰应当欢呼熊市的到来,而且熊市持续的时间越长越好,正是熊市为定投者带来了较低的建仓成本。在熊市到来的时候,基金定投不仅不该中途下车,还应当在低位加码,用加倍定投的方式来扩大底部的仓位,才能在未来获得更加丰厚的收益。

定投基金回本后该如何选择？

对于很多基金定投者来说，近期股市的大幅反弹，给他们带来很大的喜悦感：自己定投多年的基金即将迎来回本。简单测算，得益于股市反弹，定投基金 2～5 年的大批投资者从亏损 10% 以上，回到亏损 5% 以内，甚至实现回本或略有盈利，如果市场再有一轮上涨，定投基金回本的投资者比例将大幅增加。

定投基金回本后该怎么办？继续定投，还是赎回，或者部分赎回？从历史经验看，当投资者长期被套后，突然出现大幅上涨投资回本后，赎回的投资者会明显增加，说明投资者对是否回本很重视。

但从机会成本来说，投资者定投 2～5 年后刚回本，考虑机会成本实际上仍在亏损中，按照一年定期存款收益率计算，每月进行同等金额的定期存款，4 年累计收益率将在 7% 左右，因此基金定投 4 年至少需要有 7% 以上才是真正的"盈利"。

其实，投资者是否继续定投和投资是否回本关系并不大，投资者还是要依靠自己收入变化，以及长期投资的比例安排来决定定投的金额，定投回本后更要坚持定投，与此同时，投资者可以好好总结自己过去几年的定投,分析和判断所定投基金的优劣,在基金中进行优选,如果觉得之前所定投基金的历史投资业绩并不十分优异,投资者可以换一只基金定投或新增一只基金进行定投。

对于赎回长期定投的基金,投资者需要特别谨慎选择,万一投资者赎回后基金随股市出现大幅上涨,投资者几年定投将"功亏一篑"。投资者可以设定一个目标收益率,当达到这个收益率后,可以选择部分赎回之前所定投的基金,同时继续定投基金,这样不管随后市场大幅上涨还是有所调整,投资者在心理上都不会有"失落感"。

有的投资者在定投基金回本后,对所定投的基金会特别关注,每天都计算自己的盈利或亏损,这样过于密集地关注定投基金收益并不可取,容易受股市波动影响,并进而影响基金赎回决策,投资者在定投基金回本后需要关注基金盈亏情况,但最好以每周一次或每月两次的频率关注基金盈亏情况。

市场低迷要放弃定投吗?

忍受不了近期市场低迷而离场的不止股民,还包括基民。

"从去年(编者注:2009年)6月份开始,我每月定投1 000元,最高峰时还曾赚过500多元,可是到了2010年6月已经亏损了800元。如果继续这样下去,会不会赔更多啊? 我打算停扣了?"一个朋友如是问。时下,可能有许多投资者的情况和她一样,在停扣与不停之间徘徊。

据媒体报道,因为今年以来的市场低迷,基金定投已经出现断供潮,近期部分基金公司定投客户减少高达3成。而某银行支行在抽样调查中发现,全部4 000多个基金定投账户中,连续出现3次或以上扣款失败的账户超过200户。

在基金定投方面,可能大部分定投客户起始定投的年份多为2007年下半年和2009年下半年,经常是还没等到胜利的喜悦,却迎来了亏损的烦恼。而在当下,更是面临着极为痛苦的抉择。

在历年来媒体报道显示的时间里,基金定投出现大规模的停止扣款有两次,一次是2008年下半年,距离市场1 664点的低位相距不远。还有一次即为近期。

　　然而 2009 年的事实证明,选择在上一次"断供潮"选择停投的投资者无疑后悔莫及。

　　其实,基金定投,是类似于零存整取的一种基金投资方式,其原理即为采取分批长期买入法,克服选择一个时点进行买进和卖出时面临的股市风险,以均衡成本。按照该原理,投资者在股市低位时,更应该买入以降低成本。因此,现在选择停止定投扣款,无异于低点"割肉"。

　　中国台湾地区一直都流行着基金定投"停利不停损"的做法,也就是当市场下跌时,投资人不但不能停止投资,反而应该持续买进,以较低的价格买入更多的份额,静待市场回升以获利。而当指数上涨、投资人获得一定收益后,可考虑将获利部分结算出场、保留战果,并继续保持扣款,进入下一个投资循环。

　　来看 A 股市场的数据,也印证了坚持长期投资、收益更加稳定的观点:1991～2009 年近 20 年期间,据国内上证综指年均收益率测算,投资上证指数 3 年获得正回报的概率是 70.59%,而投资上证指数 9 年获得正回报的概率是 100%。

　　这个例子再次告诉我们,只要我们的投资坚持的时间足够长,那么得到的投资回报将更加稳定。

聪明家长巧选亲子"定投"

"六一"到了,每年的这个时候都是家长给孩子买礼物的高峰期,近年来,越来越多的家长选择给孩子送份理财产品,这不但可以为孩子的未来打好经济基础,还有助于培养孩子从小养成良好的理财习惯。

相对于股票投资需要专业知识及大量的时间研究,基金投资是比较适合父母们的一种投资方式——只要选择适合自己的基金,就可以请基金公司的专业投资理财团队为自己理财。

特别是基金定期定额投资,只要与基金公司或基金代销机构约定好,每个月固定时间从账户中划出固定的金额投资即可,经过长期性投资,就可以为孩子准备教育基金、旅游基金,甚至是创业时的第一桶金。定投计划可以从孩子出生便伴随他一同成长,孩子长大后更能感受到妈妈的一份爱心。

那么,作为一名聪明的家长,如何为孩子选好定投产品?笔者提醒家长关注以下三要素:

时间要素:长期不懈收益好。这就好比两个人等距离赛跑,提早出发者只需轻松慢跑,而后来出发者却要苦苦追赶。在成熟的资本市场,坚持长期不懈的投资,我们才能获得稳定的收益。以投资上证综合指数为例,从 1991 年 1 月 2 日开始到 2011 年 2 月 1 日,复合年均收益率为 6.02%,如果在每月 1 日扣款 500 元,总计扣款次数为 242 次,投入总金额为 12.1 万元,而期末市值为 38 万余元,期间收益率达到 216%(数据来源:万德数据),从数据看来,坚持长期投资,收益更加稳定。

成本要素:追涨杀跌不可取。定投成功所需的第二个要素是平均成本,在牛市和熊市采取不同的定投策略是降低成本的关键。如在目前震荡市中,最好采取"倒金字塔"策略,就是根据市场点位的变化来选择定投额度,一般随着股指点位的降低而逐步增加,这样在市场处于低位时申购基金的数量多,而市场点位偏高的时申购基金量少,既降低了成本,也把握住市场上行带来的机会。

产品要素:精心挑选好产品。信诚基金的"薪财富计划",建议用"核心—卫星"构建定投产品组合,简单来说,就是要从一开始就要按照自身的风险收益特征构建投资组合,然后随着年龄的递增、风险承受能力的递减,逐渐降低定投组合中高风险类型基金的比例,从而降低整个定投组合的预期风险。